智元微库
OPEN MIND

成长也是一种美好

即兴沟通

6 步成为当众发言的高手

THINK
FASTER

TALK
SMARTER

HOW TO SPEAK SUCCESSFULLY
WHEN YOU'RE PUT ON THE SPOT

[美]马特·亚伯拉罕斯（Matt Abrahams） 著
李雪雁 译

人民邮电出版社

北京

图书在版编目（CIP）数据

即兴沟通 ：6 步成为当众发言的高手 / （美）马特·亚伯拉罕斯（Matt Abrahams）著 ；李雪雁译. -- 北京 ：人民邮电出版社，2024. -- ISBN 978-7-115-65051-1

Ⅰ. H019-49

中国国家版本馆 CIP 数据核字第 2024EJ6200 号

版 权 声 明

◆　　著　　［美］马特·亚伯拉罕斯（Matt Abrahams）

　　　　译　　李雪雁

　　责任编辑　张渝涓

　　责任印制　周昇亮

◆人民邮电出版社出版发行　　北京市丰台区成寿寺路 11 号

邮编 100164　　电子邮件 315@ptpress.com.cn

网址 https://www.ptpress.com.cn

北京天宇星印刷厂印刷

◆开本：880×1230　1/32

印张：9.5　　　　　　　　　　2024 年 10 月第 1 版

字数：230 千字　　　　　　　　2025 年 7 月北京第 4 次印刷

著作权合同登记号　图字：01-2024-1809 号

定　价：69.80 元

读者服务热线：**（010）67630125** 印装质量热线：**（010）81055316**

反盗版热线：**（010）81055315**

感谢我的每一位家人、老师和合作者。

正因为你们，我才能脑子更快、嘴巴更巧。

没有什么比你心里有一个未曾讲述的故事更痛苦的了。

——马亚·安杰卢（Maya Angelou）

我通常要花三个多星期来准备一场精彩的即兴演讲。

——马克·吐温（Mark Twain）

赞誉

"信心十足地进行即兴发言的能力影响着我们生活的方方面面。马特·亚伯拉罕斯耗费几十年心血,开发出能够充分发挥即兴沟通作用的工具,它不仅仅是公众演讲者的福利,更能拯救任何需要进行即兴发言的人于水火之中。《即兴沟通》中讲述的窍门和技巧易于实施且操作性强,将为你的成功奠定基础。"

——菲利普·津巴多(Philip Zimbardo)

斯坦福大学心理学名誉教授,著有《路西法效应》(*The Lucifer Effect*)和《用时间观疗法更好地生活和爱》(*Living and Loving Better with Time Perspective Therapy*)

"如果你想提高自己的即兴公开发言能力,《即兴沟通》一书刚好可以助你一臂之力。马特·亚伯拉罕斯提出的六步法能帮助我们在为难之时脑子更快、嘴巴更巧。本书中的金玉良言皆源自作者的苦心钻研及其多年来为斯坦福大学的工商管理硕士生传授沟通技巧的经验。"

——凯蒂·米尔科曼(Katy Milkman)

《掌控改变:从想要改变到真正改变》(*How to Change: The Science of Getting from Where You Are to Where You Want to Be*)一书的作者,播客《选择学》(*Choiceology*)的主持人

"马特在《即兴沟通》一书中的想法和见解可谓无价之宝。我一生都在电视摄像机前工作，但面对现场观众讲话时依然紧张得要死。听闻此言你肯定会大吃一惊，因为每天都有数百万人能看到我——当然，我是看不见他们的。我花好几年时间克服了紧张，终于能够从容自信地面对现场观众讲话。而马特却举重若轻，他强调在演讲中与听众的联系，而非追求自我表现的完美。本书通过具体的示例为你提供了清晰的路线图，让你即使在重压之下，也可以展现出最好的自己。"

——琼·伦丁（Joan Lunden）

记者、作家、主旨演讲嘉宾及电视主持人

"读完此书，我们会变得头脑机敏、能说会道。马特以妙趣横生的方式予我们以智慧，以科学的方法予我们以实用的见解，让我们每个人都能更自信地沟通并与他人建立联系。此外，他的书读来令人心旷神怡。"

——珍妮弗·阿克（Jennifer Aaker）和

娜奥米·巴格多纳斯（Naomi Bagdonas）

《认真地幽默吧：为何幽默是商业和生活中的秘密武器》(*Humor, Seriously: Why Humor Is a Secret Weapon in Business and Life*) 一书的合著者

"你想在面试中一举成功吗？你想赢得新客户吗？你想在会议上表现得卓尔不群吗？《即兴沟通》一书将教你如何不再畏首畏尾，并在这些时刻脱颖而出。你正在为难，却要表现得伶牙俐齿——这是生活中最棘手的情形之一，本书中满满当当的练习将助你一臂之力，让你应对自如。无须多言，快去读这本书吧！"

——丹·莱昂斯（Dan Lyons）

记者、讽刺作家，著有《混乱、实验品和闭嘴：在无休止的喧嚣世界里保持缄默的力量》（*Disrupted, Lab Rats, and STFU: The Power of Keeping Your Mouth Shut in an Endlessly Noisy World*）

"我开启媒体生涯时，马特·亚伯拉罕斯在哪儿呢？我花了几十年时间才掌握他在《即兴沟通》一书中讲述的方法！但你有福了，他教读者如何通过一些睿智可行的策略快速掌握即兴发言技巧，从而克服恐惧和焦虑，轻松自信地沟通。"

——吉尔·施莱辛格（Jill Schlesinger）

哥伦比亚广播公司新闻业务分析师，《金钱大洗牌》（*The Great Money Reset*）一书的作者

"分泌唾液。敢于无趣。变抗拒为好奇。马特·亚伯拉罕

斯涉笔成趣，金句频出。他的每个观点都基于大量研究，教会我们这些焦灼不安的发言者该如何消除恐惧、控制焦虑，并说服听众认可我们、赞同我们的观点。我唯一想抱怨的是，为何 20 年前我没有读过这本书！"

——罗伯特·萨顿（Robert Sutton）

作家，其八部作品被《纽约时报》评为畅销书，包括《论浑人》(*The No Asshole Rule*)、《可复制的成功》(*Scaling Up Excellence*)[与哈吉·拉奥（Huggy Rao）合著]和《摩擦计划》(*The Friction Project*)（与哈吉·拉奥合著）等。

"《即兴沟通》一书是绝佳沟通实践的黄金标准。马特的六步法可以帮助你在即兴情境中充满自信、条理清晰地讲话，也可以帮助你的神经系统保持镇静，让你专注于真正重要的事情——与周围的人建立联系，并即刻做出反应。如果你有任何沟通障碍，这本书就是为你量身定制的。"

——大卫·伊格曼（David Eagleman）

神经科学家、作家、技术专家、企业家，播客《大卫·伊格曼与你一起看内心世界》(*Inner Cosmos with David Eagleman*) 的主持人

"无论团队规模大小，能够就创造性愿景与团队进行沟通是走向成功的关键。在《即兴沟通》一书中，马特逐条列出了

成为更成功的沟通者需要具备的素养。其方法清晰明了，所举事例与听众息息相关且方法行之有效，可以帮助任何人在任何情况下更从容自信地进行即兴发言。我强烈推荐任何想要提高沟通技巧的人来读《即兴沟通》。"

——约翰·贾尼克（John Janick）

环球音乐集团旗下 Interscope Geffen A&M Records 唱片公司董事长兼首席执行官

"马特对人际交往有着独到的见解。他所使用的工具有助于快速思考和清晰表达，即使在这个现代化的信息世界，它们对任何人来说也是不可或缺的。他的方法简单易懂，能帮助每个人成为更好的即兴沟通者。"

——托尼·法德尔（Tony Fadell）

智能家居公司 Nest 创始人、iPod 之父，著有《纽约时报》畅销书《创造》（Build）

"马特·亚伯拉罕斯在《即兴沟通》中所提供的工具能帮助你即使在巨大的压力下，也能胸有成竹地向他人推荐自己的想法。我一直关注着马特在斯坦福商学院以及他鼓舞人心的TED 演讲中所做的事情。马特是一流的沟通专家，现在他将自己的经验分享出来，每个人都可以从中受益。不要白白浪费可以分享自己想法的机会——采纳马特的建议，你脱颖而出将指日可待！"

——卡迈恩·加洛（Carmine Gallo）

作家，著有《像 TED 一样演讲》（*Talk Like TED*）和《贝索斯的蓝图》（*The Bezos Blueprint*）

"发表一场精彩的演讲是一回事，而在混乱和毫无防备的即兴场合中侃侃而谈则是另一回事。马特·亚伯拉罕斯是一位不可多得的学者，他对自己的主题（沟通技巧）了如指掌，他传授的方法简单实用且行之有效，任何人都可以运用自如。对任何想要提高自己沟通能力的人而言，这都是一本必不可少的好书。"

——朱利安·特雷热（Julian Treasure）

著有《如何被听见》（*How to Be Heard*）和《声音与商业》（*Sound Business*），在 TED 发表过五次演讲

作者序

我多年来致力于沟通艺术的研究与教学，此番能将《即兴沟通》一书介绍给中国读者，我感到荣幸之至，因为中国人历来崇尚智慧、注重沟通之道。在当今这个日新月异的时代，随机应变与清晰表达的能力显得尤为珍贵。无论是参加事关重大的商务会议、发表公开演讲，还是进行简单的日常对话，清晰准确而又快速有效地表达自己的想法对于个人成就的影响不言而喻。

中国有着充满活力的商业环境和异常丰富的文化遗产，因此，沟通艺术显得至关重要。《即兴沟通》一书旨在提供切实可行的工具与策略，从而帮助你有效地提升沟通技能。本书旨在提高你的思路清晰度，使你在沟通时目的明确且信心十足。一旦掌握了这些技巧，你就可以建立更为稳固的关系、清晰明了地表达观点、泰然自若地应对挑战。

本书所分享的原则具有普适性，但我尤其相信中国读者能与之产生共鸣，因为中国人向来精益求精、以礼待人，看重在纷繁复杂的社交场合中保持优雅风度的能力。翻阅本书时，我希望你可以思考一下，书中所述的策略将如何适应你自己独特的文化背景，从而帮助你在个人生活和职业生涯中都成为更有效率的沟通者。

　　我希望《即兴沟通》一书能使你明察秋毫且胸有成竹，无论在何种情况下都能更有效地表达自己。能够陪伴你展开探索之旅，见证你成为更加游刃有余、思维更加开阔的沟通者，我不胜荣幸。

引言

"你怎么看？"

我们都曾遇到过这个简单的、看似无伤大雅的问题，而且经常被搞得下不来台。在场的所有人都在等着我们的回答，而我们正感到尴尬不已、焦虑不安，甚至可能心惊胆战。

不妨想象一下，当"你怎么看"出现在以下场景中时，你会有何感受……

◉ 在一次参会人数众多的在线视频会议上，老板向你抛出了这个问题，而此时的你满脑子想的都是午餐要吃的墨西哥玉米卷，心思根本不在当前的话题上。

◉ 几位同事刚做完一场大型报告，结果一塌糊涂。在拥挤狭小的电梯里，其中一个人向你抛出了这个问题。

◉ 你正在面试一份很有吸引力的工作，当你和面试官及其团队的六名成员一起吃饭时，一名高级行政管理人员向你抛出了这个问题。

◉ 在大报告厅听课时，一位德高望重的教授随机点到你，向你抛出了这个问题。

这种突如其来且出乎意料的问题常使我们狼狈不堪、惶恐不安。我们不得不做出迅速且清晰的回应，至少要显得没有那么笨嘴拙舌。最重要的是，我们不想当众出丑，令自己颜面扫地。

说实话，有人向我们提出这样的问题时，我们的真实想法是什么呢？——"真是糟透了！"

是即兴沟通，还是五内如焚

在日常生活中，即使没有人直截了当地问我们"你怎么看"这个问题，我们还是会经常碰到需要即兴发言的场合：婚宴上，朋友突然请我们发表祝酒词；我们进入某个线上会议室，发现只有自己和首席执行官在线，而对方希望和我们交谈一番；在一场奢华的鸡尾酒会上，同事把我们介绍给某位未来可能非常重要的商业伙伴；我们正在做一场正式报告，中途主持人问我们能否留出 15 分钟时间进行非正式问答。

还有一些时刻，我们让自己陷入为难的境地，需要迅速做出反应。有时我们会失言，使自己窘迫不堪，而我们必须把话圆回去。在一次重要的推销活动中，我们所依赖的设备失效了，我们必须临场发挥；沮丧时，我们常常会说一些让自己后悔的话，我们必须想办法道歉；某一刻，我们出现了"神经性胀气"，完全想不起来某个人的名字，或是忘了自己想要表达什么。

许多人一想到即兴沟通，就会有些犯怵。研究发现，美国人对公开演讲的恐惧超过了对虫子、高处、针、僵尸、鬼魂、黑暗和小丑的恐惧。而这还是正式的、事先准备好的公开演讲的情况。研究表明，即兴演讲可能会使我们更加惊恐不安，因为我们没有机会提前准备，也没有讲稿或提纲可以参考。

即使是那些对发表公开演讲并不会感到焦虑的人，他们也会因为口误、回答问题时支支吾吾，或未能在即兴发言时给人留下深刻印象而感到困扰。在这些情况下，我们会因自己缺乏讲话技巧而感到沮丧，同样地，我们也会为未来可能发生的即兴互动感到焦虑。我们希望将自己打造为风度翩翩、热情洋溢、反应迅速的沟通者，但上述情况会破坏我们精心制订的计划。

从天而降的压力

我想请你试试以下动作。像平常一样，将双臂交叉置于身前。现在，打开双臂，再交叉，这次换只手臂放在上面。你感觉到有多奇怪了吧。有那么一瞬间，你有点茫然，手臂似乎无处安放。你的思想脱离了身体，你可能会感到困惑不解、犹豫不定，或者只是有点惊慌。

在为难之时被要求发言的感觉可能和刚才的感觉差不多。通常，你清楚自己的想法，也知道自己想说什么，就像你知道如何交叉双臂一样。但是，当环境发生改变时——当你身处社交场合之中，压力就会从天而降——你可能会感到疑惑、不知所措，犹如泰山压顶。你的"战或逃"反应开始了——心跳加速、四肢颤抖，你会遭遇被我称为"体内管道反转"的体验：通常情况下会保持干燥的部位（手掌）因汗水而变得湿润，而通常情况下会保持湿润的部位（嘴巴）则会变得干燥。当你努力恢复状态时，你会结结巴巴、语无伦次、犹豫不决。你偏离了自己的轨道。你紧盯着自己的双脚，蜷缩在座位上。你坐立不安，其他人只能听到你发出的"嗯""啊"声。

你甚至可能会紧张到完全说不出话。在 2014 年的国际消费类电子产品博览会（Consumer Electronics Show）上，曾执导《世界末日》（*Armageddon*）和《变形金刚》（*Transformers*）等系列电影的导演迈克尔·贝（Michael Bay）在为一家企业赞助商演讲时，提词器出了问题。迈克尔·贝迫不得已需要即兴发挥，但他几乎说不出话来，虽然他正在讨论一个非常熟悉的话题——他自己的电影。支支吾吾了片刻后，他别无他法，只能快速道歉并离开舞台。一位评论员挖苦道："自从《变形金刚 2》后，他从未如此难堪过。"

"即兴演讲我不拿手"

后来，在谈到自己那天的表现时，迈克尔·贝解释道："我可能是不擅长现场表演吧。"人们往往想当然地认为，即兴表演的能力是性格使然或与生俱来的天赋——有些人具备这种天赋，而有些人则不具备。我们会告诉自己，我们只是不擅长即兴思考和即兴讲话。我们会说，"我很害羞"或者"我只擅长和数字打交道"。更糟糕的是，我们中的一些人会由此推断出自己不够聪明或不够优秀。

有时，一段糟糕的小插曲就能让我们一辈子都深信自己并不善于沟通。60多岁的图书管理员艾尔玛（Irma）渴望在心爱的孙女即将举办的婚礼上进行即兴发言，但遗憾的是，一想到要站起来讲话，她就感到脊背发凉。我问她为何如此恐惧，她告诉我，几十年前她上高中时就是如此了。她回答了老师的一个问题，结果老师当着全班同学的面大声说："这是我在课堂上听到过的最糟糕、最愚蠢的答案。"

由于这段经历，艾尔玛此后从不积极参加会议和其他社交活动。这件事成了她人生的转折点。她之所以选择成为一名研究型图书管理员，正是因为她知道，这份工作几乎不需要她进行任何压力巨大、未经事先计划的交流。可以说，艾尔玛给自己的人生处处设限，只因为她害怕在即兴发言时再次失败。

这件事听起来或许有些极端，但其实很多人都有类似的遭遇。过往的失败让我们深信自己反应迟钝，因此我们对于再次即兴发言这件事恐惧万分。这会在之后的所有场合中形成恶性循环：神经紧张会让我们表现得更糟，这反过来又会让我们愈发紧张，于是进一步抑制了我们的反应能力。到某个时刻，我们就会焦虑过度。每当"我做不到"的声音在脑海中响起时，我们就会退缩到阴影地带，把那些本来有机会展现出来的奇思妙想深埋于自己心底。我们会选择坐在报告厅的后方或会议室的角落。我们会关掉摄像头、将麦克风调为静音状态，在在线视频会议中"隐身"。

在需要随机应变的场合中，无论是自认为缺乏沟通能力，还是的确缺乏沟通能力，它们都足以摧毁我们的事业和生活。数年前，我在一家小型软件初创公司上班。我有个叫克里斯（Chris）的同事，他想到了一个为公司的"重磅产品"打开销路的好点子。但由于其想法激进，事关公司的策略转变，需要接受大量审查。其他同事请他详细阐述自己的想法，并向他提了一些虽显苛刻但也合理的问题，克里斯顿时僵住了。他看起来十分紧张，给出的答案含糊不清、东拉西扯，显得答非所问。老板和同事们没有被打动，反而无视了他的意见，没有重视他的专业知识。最终，公司解雇了克里斯。过了六个月，新引进的人才到岗后，公司采纳了其建议，结果与克里斯的想法完全相同。两人的区别在于，在为难之时，新来的人能清晰地阐述自己的主张，做到了以理服人。

脑子快一点、嘴巴巧一点

我之所以写这本书，是因为艾尔玛、克里斯和其他任何为即兴发言所困扰的人其实都还有希望。我想说说阿卡娜（Archana）的故事，她也是我的学生，与人互动这件事让她头痛不已。她最近搬到美国还换了工作，而她对自己很没有信心，尽量能不说话就不说话。"我对自己的评价很苛刻，"她回忆道，"我经常会感到十分焦虑，并且尽量不在工作会议上发言。"她意识到沉默寡言给自己带来了不利影响，致使她与许多重要的职业发展机会失之交臂。

在努力学习并实践了一套经过验证的工具和技巧后，阿卡娜发现自己更放松了，也可以做自己了。她不再理会脑海中那些批评的声音，变得更加自信，敢于张口说话，她之后的即兴发言之路也走得一帆风顺。没过多久，她都能主持团队会议了，而且不再那么焦虑不安。一位同事去世后，她主动在众人面前发言以缅怀逝者，这让她自己都倍感惊讶。

有些人天生就比其他人更加外向、不受拘束、反应敏捷或善于言辞。但我们不能让自己身上可能存在的任何缺陷定义我们，更不能让它们决定我们的命运。能够决定我们即兴沟通能力的并非那些与生俱来或根深蒂固的东西，而在于我们如何应对这一极具挑战性的任务。

大多数人认为，即兴的社交互动会把我们困住，让我们倍感挫败。仅仅是在脑海中想象这些互动场景，我们可能都会心惊肉跳，那一刻我们的行为几乎会失控。换句话说，我们成了自己的绊脚石。但如果能少给自己施加压力，并练习一些重要技能，无论在什么样的未经计划、风险性高的对话场景中，我们都能成为更优秀、更游刃有余的沟通者。我们甚至可以在这些场景中活力四射、享受其中。正如本部分的小标题所言，通过学习，我们都能够做到脑子快一点、嘴巴巧一点。

无论我们认为自己多么和蔼可亲、善于交际和能说会道，通过运用书中所讲的"脑快嘴巧"法以及在特定语境中可以使用的结构，我们都能立刻变得更加自如和自信。

该方法有以下六个步骤。

第一，众所周知，一般性的沟通，尤其是即兴发言，总会让我们神经紧绷——我们必须承认这一点。我们需要制订一个管控焦虑的个性化方案来应对我们的紧张情绪。

第二，我们需要反思自己的沟通方式，以及我们评判自己和他人的方式，并将这些情况视为互通有无、通力协作的机会。

第三，我们需要允许自己采用新的思维方式，勇于承担风险，并将错误视为"错过的镜头"。

第四，我们需要认真倾听别人在说些什么（或者没有说什么），同时也要关注自己内心的声音和直觉。

第五，我们需要利用故事结构让自己的想法比之前更易于理解、更清晰明确、更令人信服。

第六，我们需要尽可能地让听众关注我们所说内容的本质，尽量做到准确无误、息息相关、通俗易懂和简洁明了。

讲话时，通过采取一系列有效的策略，我们就能实践这六个步骤提出的要求。但更为根本的是，这六个步骤代表了我们必须持之以恒培养的几项技能，因为我们常常需要为随时可能出现的即兴发言场景做好准备。许多人认为，想要在处境为难时还能口角生风是需要天赋的，即思维敏捷、能说会道。虽然一些人确实拥有这些天赋，但即兴发言的真正秘诀在于练习和准备。如果投入大量时间，学着打破旧有习惯，并练习做出更多深思熟虑的选择，每个人都能马上成为出口成章的发言者。但矛盾的是，我们必须提前做好准备，才能在即兴发言时表现出色；而努力培养这些技能，能让我们突破约束、充分表达自己的想法并展现自己的个性。

就像学习任何新技能一样，它有助于减轻你给自己施加的压力。请记住，成为一个善于沟通的人是需要时间的。你不必给自己施加压力，试图一次完成所有的事情。此外，你以这种方式专注于提升自己，这本身就足以值得庆贺。大多数人要么不会思考即兴发言这件事，要么即使思考了，也没有足够的勇气去采取任何行动。你确实具备远见卓识，而且很有勇气——你能率先拿起这本书就是最好的证明。

若想游刃有余地进行即兴沟通，需要耐心、投入和风度，但从我指导和教导过的人身上可以看出，这种影响足以改变他们的一生。

生活并非一场 TED 演讲

关于即兴沟通，我们一直存在一种错误认识，即那些最优秀、最具说服力的沟通者能够完美地表达自己——这种认识毫无益处。看看那些成功的 TED 演讲者，即使在脱稿的情况下随意讲话，他们也能表现得落落大方。或者，还可以看看苹果公司的史蒂夫·乔布斯（Steve Jobs）、美国前第一夫人米歇尔·奥巴马（Michelle Obama）等领导者，无论是过去还是现在，他们每次出现在公众面前，都是出了名的魅力十足和引人注目。

事实上，TED 演讲的稿子都是事先写好的，有些甚至经过多次修订。即使是像乔布斯和米歇尔这样的领导者，也会为了他们的演讲花数月时间练习，以求尽善尽美。而我们经常将这些有计划、经过完善的发言与我们在生活中经常会碰到的突如其来的即兴发言混为一谈。我们经常会以经过排练的发言为标准来评价自己在这些日常情景中的表现，这显然站不住脚。与其追求演讲中的完美表现，不如接纳自己的不完美，专注于如何才能全身心投入当下。通过训练，摒弃对自己的批判性评价，我们就能帮助自己减压，更有效地实现沟通目标。

事实上，费尽周折试图让自己以"正确"的方式沟通，只会提高我们在沟通中表现不佳的概率。如果我们试图记住自己的成功秘诀，或者执着于某一种说话方式，就相当于只是试图记住自己曾经做过的事情，而这无异于停滞不前、故步自封，却忘了去关注周围正在发生的事情。我们可能会错失机会，无法在当下做出调整，或者做出真实的反应。我们本可以通过做自己、专注于当下以及与听众保持沟通等方式让自己脑子快一点、嘴巴巧一点，但反而在与目标渐行渐远。一位古典音乐家在公开场合演奏肖邦练习曲时，会事先记住每一个看似无关紧要的音符，以期演奏完美无缺，但临场发言更像弹奏爵士乐，通过即兴发挥，让自己与周围的人同节奏、共欢乐。要想成为即兴演奏大师或是即兴沟通达人，我们需要把那些自以为非常了解的沟通技巧置于一旁，试着去掌握一套新的技巧。对于环境中出现的任何信号，我们都要做出迅速而精准的反应。我们要了解听众的需求，根据这些需求调整自己的讲话内容。此外，我们必须克服自身的恐惧，不要让它们成为我们的绊脚石。

这并不是在否认计划和排练在日常交流中的重要性，它们确实很重要，但许多人已经对相关技巧驾轻就熟，甚至存在滥用现象。现在，通过学习如何进行即兴发言，我们可以重新找到平衡。我们会学习新的方法和工具，审视那些过去行之有效的沟通习惯和做法，并结合当下的需要从中进行选择。

字母 A 之优势

还记得前文提到的艾尔玛吗？由于老师的不认可，她最终选择成为一名图书管理员。我的成长经历与艾尔玛截然不同。观察这本书的封面，你可能就会发现，我的姓是以字母 A 开头的。这件看似平凡的小事对我的人生产生了重大影响，你手中这本书也与此息息相关。无论是老师还是其他权威人士，都喜欢按姓氏首字母的排列顺序点名，所以我几乎总是第一个被点到。事实上，从童年时期直至成年，我记得只有两次我不是第一个被点到的（也许你会很好奇，不妨告诉你，那两次最先被点到的姓氏分别是 Abbott 和 Abbey）。

　　我总是被要求第一个发言，所以在构思答案时，我没有任何其他例子可以参考，而且通常也没有什么准备时间。甚至在小学时，我就是那个总要第一个站起来发言的孩子。起初，我感到尴尬万分，不过久而久之也就习惯了。我慢慢地放开了一些，会抓住机会试一试，还时不时开开玩笑。其他孩子似乎很感激我，因为在老师叫到他们之前，我已经分享了自己的想法，他们可以稍作参考。

　　这种正强化激励着我更加勇敢地尝试冒险，我越来越放松，主动抓住可能出现的每次机会。到了高中，我成了大家公认的外向型人，总是愿意讲话，总是冲在最前面。有些人甚至觉得我风趣、诙谐、富有魅力，是大家的开心果。那么，我是否天生风趣、魅力十足，具备令他人倍感愉悦的能力呢？绝对不是——你们问问我的孩子就知道了。我只是拥有很多在日常社交场合即兴发言的经验，加上持之以恒的练习，让我对即兴沟通驾轻就熟。

　　我希望你能像我一样，在即兴发言时泰然自若、充满自信。当然，你也无须为此去改变自己的姓氏。

源于充满爱的斯坦福大学

2010 年至 2013 年，我在斯坦福大学商学院任教，我的同事们注意到了一个颇为有趣的现象。为了了解学生对所学知识的掌握程度，许多同事会当着几十个乃至数百个同学的面冷不丁地点名提问。我们也经常给学生布置案例研究作业，然后在课堂上挑一个或几个学生，不断向他们发问，好让苏格拉底（Socrates）[①] 为我们骄傲。

我们的学生都冰雪聪明、口齿伶俐、积极上进，因此，精心打磨演讲稿并发表正式演讲对他们来说都不在话下。他们中的许多人都曾作为优秀毕业生代表在毕业典礼上致辞，或之前有过演讲经验。然而，对于课堂上的突然点名，他们还是会束手无策。许多人要么怀着焦虑不安的心情来上课，要么索性在自己可能会被点名的那天不来上课。众目睽睽之下，他们往往紧张得张口结舌。尽管知道答案，但他们很难在当时迅速做出一针见血的回应。

我和其他老师一同承担斯坦福大学商学院与继续教育学院的课程，是校园里出了名的"社牛"。他们请我设计一门新的

---

① 希腊哲学家，创立并使用"苏格拉底教学法"（又称"产婆术"或"问答法"），其核心是教师并不会直接把学生需要掌握的知识告诉他，而会根据学生已有的知识和经验，通过讨论、问答甚至辩论的方式来揭露学生认知中的矛盾，逐步引导学生自己得出最终的结论。——译者注

学习体验课程，帮助学生在课堂上进行即兴社交互动，以此作为对现有的正式沟通相关课程的补充。我开始着手去做这件事：阅读了所有与即兴沟通有关的书籍；查阅了传播学、心理学、进化生物学、社会学和教育学等各领域的学术期刊；重读了即兴喜剧的教科书，研究了政治、商业、医学和其他领域中有关即兴沟通的案例。最重要的是，我借鉴了从斯坦福大学同事们身上学到的东西，在本书中将一一为你呈现。

我整合了上述所有资料，再加上我在斯坦福大学继续教育学院与讲师亚当·托宾（Adam Tobin）联合教授"即兴演讲"课程的经验，我创立了一个工作坊，名曰"脑快嘴巧：如何在压力巨大的即兴情形下有效发言"。工作坊名称虽然不太合语法，但颇能引人深思。令我又惊又喜的是，该工作坊业已成为商学院的保留特色。大多数斯坦福大学商学院的工商管理硕士生在毕业前就深谙"脑快嘴巧"之道。相关材料我已上传至网络平台（以视频或播客的形式），或是分享给了各个公司、非营利组织和政府机构，从而让更多人学会如何做到"脑快嘴巧"。

工作坊的反响相当惊人。据学生反映，他们更喜欢上课了，因为他们不再害怕被冷不丁地点名。那些通过网络认识我的人也说，我传授的技巧帮助他们在面试中取得了好成绩、获得了资金、通过了口试、赢得了新客户、给老板留下了深刻印象，甚至还帮助他们缔结了婚约。据企业客户反映，我教授的方法使他们的沟通更加顺畅、人际关系更加牢固、工作体验更加愉快，而最重要的是，业务成果变得更好了。

如果你在即兴沟通时变得更加自在和自信，会发生什么？如果被单独挑出来发言对你来说并非考验或磨难，而是一个参与其中、学习互动，甚至自得其乐的机会，又会发生什么？如果你能摆脱所有的自我怀疑、手心冒汗和生硬停顿，以更富有逻辑、言简意赅和引人入胜的方式进行交流，会发生什么？当聚光灯打在你身上时，如果你依然思维敏捷、妙语连珠且应对自如，又会发生什么？

现在你完全可以做到这些。《即兴沟通》一书为你提供了简洁实用的方法论，可以让你在进行即兴沟通时如鱼得水。本书的第一部分分享了一个行之有效的"六步走"方法，帮助你理解并消除那些即兴发言场合中常见的干扰因素。我将教你识别那些在即兴沟通中会导致压力剧增的主要因素。也许你从未想过这些问题，但在我和其他学者、企业家以及思想领袖的合作过程中，这些问题都会接二连三地出现。你将学习如何管控自己的焦虑情绪（第1章：保持冷静），避免完美主义碍手碍脚（第2章：释放潜能），杜绝封闭式或抗拒式思维（第3章：重新定义）。接下来，我将为你提供特定的工具和策略，它们将在你超越自我的道路上助你一臂之力。你将学习如何主动积极地倾听听众的意见，了解他们当下真正的需求（第4章：学会倾听）；如何迅速地组织安排你的即兴发言内容（第5章：

组织安排）；如何提炼你的想法，使其重点突出、引人入胜（第6章：聚焦重点）。

本书的第二部分描述了一些常见的、需要我们即兴表达的场景。我将探讨应对沟通中常见挑战的具体技巧，比如，如何给出有效反馈、如何在面试中脱颖而出。我将讲到，在帮助创业者有效地向他人营销自己的想法和争取机会时，我用到了哪些策略；如何使闲聊卓有成效；什么样的即兴祝酒词、贺词或介绍能说到对方心坎上；怎样道歉才能引发强烈共鸣；等等。其中涉及的结构我已总结出来，列在本书的附录中。

如果你是为了准备某一次演讲而阅读本书的，你可能想直接跳至本书的第二部分或附录，这当然没有问题。但我想告诉你的是，只要你愿意读，第一部分中也有许多必不可少的策略在等待着你，它们会使你的沟通能力更上一层楼。

一直以来，我尝试挑战传统观念，倡导一些与我们的直观感受相去甚远的技巧，以帮助大家应对各种复杂又棘手的即兴沟通场景。为了使材料更加容易记忆，我会突出强调某些特定策略以供学习者尝试（这些策略在书中的"试试看"部分），我还突出强调了那些有助于我们更深入地练习关键技巧的训练（这些训练在书中的"练练看"部分）。正如我所言，使用这些技巧可以帮助我们从失态中恢复过来，使我们能够随机应变；无论消息好坏，我们都能泰然处之；面对心仪之人，甜言蜜语我们信手拈来；在鸡尾酒会上，我们会光彩照人。总而言之，我们会在与他人交谈时更加和蔼可亲、魅力十足、事半功倍。

及时行动

当然，我不能保证仅凭学习这些技巧你就能在任何特定情况下表现完美。但说实话，我并不希望你每次都表现得完美无缺。根据定义，所谓即兴，就意味着随机应变。那些能达到炉火纯青之境的人在使用我所说的工具和技巧时，能做到机智敏捷、随机应变、独具匠心。他们会根据在场的人和当时的氛围调整自己的交流方式。尽管如此，在漫漫人生路上，拥有一套属于自己的方法论将影响深远。面对任何需要即兴发言的场合，它都能使你倍感自在并散发自信，这会为你打下良好的基础，让你能够应对那些本可能会令你惊慌失措的场景。

掌握即兴沟通的技巧就像学习某项体育运动一样。首先，你需要理解基本原理，然后将其应用于实践。在某场重大比赛中，你可能并不能打出全垒打或者拿下制胜分，但至少，你会朝着自己的目标迈出实质性的一步，而且会很满意自己的表现。

关键在于，要相信自己受过的训练，允许自己冒险，跳出舒适圈，勇于尝试。你已经掌握的知识都能派上用场，而你还可以去探索并采用新的方法，让自己去熟悉那些经常被忽略的沟通领域。本书将成为你持之以恒练习的绝佳指南。在下一次大型会议、会面、婚礼、旅行、上电视前——只要是你预计需要即兴沟通的场合，如果想要惊艳四座，你都可以翻阅本书。书中的工具和技巧势必能为你的沟通技能池增砖添瓦，无论以后遇到什么情况，你都能进行有效沟通。

颇为有趣的是，在生命中的一些重要时刻，我们往往会显得能力不足或手足无措。这些时刻总是让我们措手不及，我们可能会显得呆若木鸡，无法完全展现出自己的真实个性。但我们对此并非无计可施。通过训练，我们可以让自己恢复思考能力，正常地讲话和回应，给对方留下有条不紊、言之有理，且真挚诚恳的印象。我们可以学着展现更真实的自己，表达更多的真实想法。那么，让我们行动起来吧。通过理解和练习书中的六个步骤，你也可以让自己的脑子快一点、嘴巴巧一点。

目 录 CONTENTS

第二部分　在特定场景中嘴巴要巧一点

附录

第 一 部 分

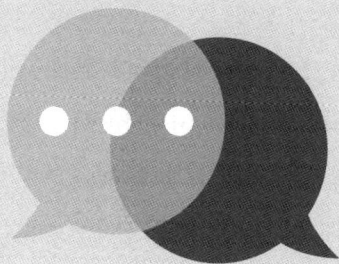

"脑快嘴巧"法——
改善即兴沟通的六个步骤

第1章
保持冷静：驯服焦虑这头猛兽

只要稍加努力，我们就可以控制即兴发言带来的焦虑感，从而不让它控制我们。

每次剥洋葱时，我几乎总是会泪流满面，但很久之前有一次，洋葱让我出现了一种截然不同的情绪反应——我因它而胆战心惊！我当时正在参加一家颇有前景的软件公司的面试，如果面试成功，我将成为该公司的第99位员工。一路过关斩将后，我终于到了最后一关——接受首席执行官的面试。他会与每一位拟录用的员工谈话，并以此为傲。

当我按照约定时间到达时，发现"大老板"早就在等我了。这多少让我有点吃惊——根据我的经验，高管们总是忙得不可开交，迟到才是常态。这还不算什么，我即将面临一场实质性考验。谈话刚进行了一两分钟，这位首席执行官就向我提了一个出乎意料的问题（后来我才知道，他以喜欢问开放式问题而闻名，目的是测试对方在压力下的反应能力）。"假设你是一颗洋葱，"他说，"如果我剥开最外面三层，会发现些什么呢？"

呃……好吧。我以为他会问我诸如教育背景、过往经历、个人目标以及我为什么适合这家公司之类的问题。他怎么会问到洋葱呢？

从小到大，我经历过不少需要即兴发言的场合，也算身经百战。但像大多身处类似场景的人一样，当时的我出现了激烈的"战或逃"反应。我的肩膀紧绷、喉咙干涩，脑子根本不够用。我感到战战兢兢、浑身燥热。虽然我很想在这次面试中取得好成绩，但紧张封印了我的大脑、扼住了我的咽喉，我一句话都说不出口。

不要害怕，畅所欲言

老实说，想要有效地进行即兴沟通，或是任何一种沟通，我们首先要学会掌控有可能出现的强烈焦虑感。正如我所言，突发的紧张可能会让我们不堪重负，消耗我们的注意力、精力和执行力。我们甚至可能会陷入所谓的"焦虑旋涡"。焦虑会让我们自责并失去自信，我们会感到孤立无援、无能为力，以及被边缘化，我们也会因此更加焦虑。在极端情况下，这样的"旋涡"会导致我们当场窒息。焦虑犹如洪水猛兽，让我们措手不及。

好在我们可以采用一些技巧来减轻焦虑，以使自己在任何情况下都能更自如地表达想法，而不至于让焦虑占了上风。这样的我们在他人眼中也更令人信服。

我们的目标并不是对焦虑斩草除根，而是避免它成为我们的绊脚石。总有一些情景会让我们胆战心惊。这其实也没什么——适度焦虑并非坏事。太大的压力会导致我们无法成功完成任务，但实验表明，一定程度的压力能起到激励作用。适度的压力或恐惧会让我们感到精力充沛、跃跃欲试，让我们的思维更加敏捷、注意力更加集中，我们会调整自己以适应周围的人。一项针对老鼠的研究表明，急性应激有助于改善记忆力，因为它会促进大脑中新神经元的形成。

根据我的经验，若想驯服发言时的焦虑猛兽，最好采取双管齐下的方法。首先，积极应对当时突然出现的焦虑症状。其次，解决焦虑的潜在根源。本章将聚焦于症状，而在后面的章节中，我们会探讨焦虑的部分根源。说到焦虑症状，一些简单的技巧就可以派上用场。无论是在当下，还是在提前预料到的需要即兴发言的场景中，都可以及时运用这些技巧，它们会让我们更加舒适自在、底气十足，从而做出更有效的回应。下次参加面试，或身处其他需要即兴发言的场合，当我们因为被问到众所周知的剥洋葱式问题而感到惊讶时，我们一定能够从容应答。

了解自己的"症状 ABC"

我注意到了人们在焦虑时经常会出现的许多症状。事实证明，可以将这些症状简单划分为几类——我们可以称之为"发言焦虑症状 ABC"。

当我们被他人置于为难境地时，我们会经历情感症状（affective symptoms），即那些与我们的情绪或感受有关的症状。当一个人受到众人关注时，他往往会犹如泰山压顶，倍感压力，无法发挥能动性。他会感到不知所措、惴惴不安，甚至不堪一击。

我们还会经历行为症状（behavioral symptoms），或者据其本质，可以将其称为生理症状。我们会汗流浃背、哆哆嗦嗦或结结巴巴；我们会心跳加速、声音颤抖或呼吸急促；我们会语速飞快、战战兢兢；我们还会面红耳赤、口干舌燥。

第三类即最后一类症状是认知症状（cognitive symptoms）。我们会手忙脚乱、大脑空白，完全忘记自己想要或者需要表达的内容。我们唯一的感受是别人正在关注自己，而完全忘记了去关注听众和他们的需求。我们满脑子都是消极的想法，还会自言自语。脑海中有一个小小的声音在告诉我们：我们尚未做好准备，我们很有可能失败，别人都比我们优秀……

正念至关重要

让我们探讨一下该如何解决这些症状吧，先说说情感症状。针对当下那些毫无益处或悲观消极的情绪，一个行之有效的方法是进行正念训练。关注并承认那些不愉快的感受，不要忽视或否认它们，也不要因此而自责。当你正在体验这些感受时，一定要相信它们并不能定义你这个人。正如斯坦福大学教授 S. 克丽丝蒂安·惠勒（S. Christian Wheeler）所言："一边是我，一边是我的身体里正在弥漫的焦虑感。保持一定的心理距离既能让我们对它进行观察，又能让我们不至于深陷其中无法自拔。"

试试看

下次再感受到焦虑等负面情绪时，不妨提醒自己，你和你的情绪是两回事。把自己想象成其他人，再去观察自己正在经历的情绪。

直面自己的感受，提醒自己：感到焦虑是正常且自然的，大多数和你处境相同的人也会有相同的感受。"我现在感到很紧张。"你可以告诉自己，"我很紧张，因为此举风险极高，我的名誉可能会受损。所以我的反应是正常的、合乎情理的。"要去觉察和辨认自己的思维和身体活动，这可以帮助你重获能动性和掌控感，让你不至于迷茫无措、心烦意乱。只要确信自己的消极情绪是正常且自然的，你就可以避免自己被这种情绪左右。给自己一些自由空间，切勿过于拘束——可以进行深呼吸，也可以想象一下自己该如何回应旁边的人刚说过的话。

当你能觉察到自己的感受时，就可以更进一步，以更加积极的方式重新构建自己的意识，让自己充满活力，不再束手束脚。发言前感到焦虑不安的人通常认为，他们必须努力使自己平静下来。有人会借助酒精或其他药物；有人则会用到"可视化"方法，比如著名美剧《脱线家族》(*The Brady Bunch*)中提到，想象你的听众"穿着内衣坐在那儿"。这些措施往往弊大于利，因为它们会让你糊涂或分心。正如我的朋友艾莉森·伍德·布鲁克斯(Alison Wood Brooks)教授所建议的那样，将焦虑重新定义为让你兴奋的事，不失为一种更佳策略。她的一系列实验表明：在进行公开演讲前告诉自己"我很兴奋"（需要大声说出"我很兴奋"）的人，其演讲表现会更好。他们的确会感到更加兴奋，并会将此次演讲视为一次机会而非一项严酷的挑战（后文会进一步详述）。

事实证明，焦虑感和兴奋感会对身体产生相同的影响，二者都会使我们处于"高度警戒"状态。和训练自己的正念一样，将焦虑重新定义为让自己兴奋的事，这将赋予我们一种能动性。当我们感知到发言会对自己构成威胁时，就会产生一些基础性的生理反应，这是我们无法控制的，但我们可以控制自己如何理解和定义它们。这种控制感将改变我们的发言体验，帮助我们做得更好。

放慢速度，保持冷静，补充液体

想要应对行为症状，一个行之有效的方法是专注于自己的呼吸。和练习瑜伽或打太极拳一样，做几个又深又长的腹式呼吸，让你的小腹吸满气。你会发现，这种呼吸方式可以让你感到更加平静，你的心率会降低，语速也会随之放缓。

呼吸时，要把注意力放在吸气和呼气的相对长度上。在我的播客"脑子快一点、嘴巴巧一点"中，我有幸邀请到了神经科学家安德鲁·休伯曼（Andrew Huberman）。正如他所言，深呼吸过程中的"呼气"在缓解焦虑方面有着不可思议的魔力。当你呼气时，肺部的二氧化碳会减少，这会让你的神经系统镇定下来。有一则经验之谈——或者我应该称之为"肺部法则"——确保呼气时长是吸气时长的两倍。吸气时数三声，呼气时数六声。研究表明，这种深呼吸法在几秒内就能让你的神经系统平静下来。重复两到三轮这种呼吸模式，你的心率就会降低。

你会发现此时自己的语速也会变慢。发言的技巧主要就是关于如何呼吸和控制呼吸的。呼吸速度越快，讲话速度就会越快。放慢呼吸，你的语速也自然会慢下来。

如果你是一个语速很快的人，你可能会发现，只做深呼吸并不能让自己的语速慢下来。在这种情况下，试着放慢你的动作，譬如手势、点头、躯干的扭动等动作。人们总是倾向于让自己的语言和手势同步。说话快的人做手势的速度也很快，他们的动作迅速但不够平稳。而动作慢下来后，人们的语速也会变慢。

产生“战或逃”反应时，我们的身体会释放肾上腺素，这种激素会促使我们远离威胁、趋向安全。肾上腺素会使我们心跳加速、肌肉紧张并不自主地收缩。这时我们可以将身体转向另外一边的听众，或者做一些幅度较小的手势，因为身体转动有助于消除肌肉颤动。如果是在婚礼上即兴致祝酒词，你可以尝试一边说话一边慢慢地从一侧走到另一侧（你是否注意到，电视上的律师在回答法官问题或面对陪审团讲话时似乎总会这样做呢）。当然，切忌踱步太频繁，否则会分散他人的注意力，但当你在两点之间移动时，朝一个方向略走几步可以有效地缓解你的颤动症状。

那么，该做些什么来应对在为难之时面红耳热、全身冒汗的情况呢？ 方法有很多。处于压力下时，你的核心体温会升高。你会心跳加快、肌肉紧张、血管收缩，你的血压也会升高。以上这些反应都会让你像锻炼身体时那样面红耳热、全身冒汗。

你可以通过给身体降温的方式抵消这些影响。尤其要关注自己的双手，和前额或后脖颈一样，手部也可以调节体温。某个寒冷的早晨，你是否曾靠手握一杯热咖啡或热茶来温暖自己？ 这是你内置的体温调节器在起作用。当你已经处境为难或判断自己即将处境为难时，试试手握冰冷的东西，比如一瓶或一杯水。我在讲话过程中感到焦虑时总会这样做（是的，我有时也会感到焦虑）。这个方法非常有效。

最后一点，当你与别人交流时，有可能会出现口干舌燥的情况。这一点颇为令人烦恼，让我们做点什么来解决这个问题吧。当你紧张时，唾液腺就会停止活动。你可以通过喝温水、吃含片或嚼口香糖的方式来激活它们。不过，不要边讲话边做这些事，因为嘴里塞满东西会让你说不出话。但是，如果你身处一个有可能被点名发言的场景，不妨花些时间提前准备一下，重新激活你的唾液腺就是个不错的选择。

驯服你的大脑

打个比方，我正在主持一场重要的在线视频会议，有20多位同事和客户参会。但由于突发的技术故障，我的同事无法按原计划在接下来的15分钟内发言。总得有人来填补这个空缺吧——只能是我了，因为我是这个团队的负责人。但当我的身体进入"战或逃"状态时，我的耳畔传来悲观的低语："我不知道该说些什么，每个人都在评判我，这下我要被炒鱿鱼了。"

通过在脑海中反复默念积极"咒语"，我就可以消除这个令人不快的小小声音并恢复自控力。职业高尔夫球手经常这样做，他们会通过反复念叨"冷静"或"镇定"之类的词来压制那些消极的自言自语。我们也可用类似的"咒语"来提醒自己——我们还有更深层的目的。在即兴沟通时，你可以告诉自己：

- ⊙ "我有自己独特的价值。"
- ⊙ "我有通过临场应变摆脱困境的经验——我可以做到。"
- ⊙ "我是谁不重要——我所说的内容引人入胜。"

重复这样的"咒语"可以使我们改变自己的想法，将我们从恶性循环中解放出来。

如果你的大脑一片空白，可以试试"以退为进"的策略。回想一下刚才说过的话，然后重复说一遍。这样做可以给自己一些时间，让自己回到正轨。很多人在丢了钥匙后都会采用类似的策略：他们会在脑海中回想自己可能去过的每一个地方，这有助于唤醒他们的记忆，从而想起自己将钥匙遗落在何处。

你可能认为重复自己刚刚说过的话行不通，因为这会让听众感到厌烦或使其分心。如果你在三分钟内重复了50次，这的确不可取。但总的来说，重复是件好事。当你多次重复某个观点时，实际上是在向听众强调它，也是在帮助他们记忆。用不同的方式表达自己的观点有助于加深听众的理解并引起他们的关注。你看，重复是可行的，我刚刚就是这么做的——我将同一个观点重复了三次。这种做法还不错，不是吗？

　　在特定语境下，你也可以通过合理地提出一些通用性问题来为自己争取时间。和你分享一个我的秘密吧。上课时，我经常会出现思维短路的现象，因为我的授课任务繁重，经常不记得在哪堂课上讲过哪个点。这种短路现象会令我惶惶不安，而我觉得自己需要立刻做出回应，免得在别人眼里像个傻子。这时，我通常会停下来，对学生们说："在我们继续往下讲之前，我希望诸位花几分钟时间想想，在生活中，你们会如何应用我们刚刚讨论过的内容。"

　　好吧，我其实是幸运的。因为我教的是沟通课，所以事实上，学生可以马上将我所讲的大部分内容应用于实践。但我敢肯定，你也能迅速想出一个通用性问题并进行提问，好让自己喘口气，并借机想想接下来要讲些什么。

　　例如，进行在线视频通话时，你可以这样提问："你会用什么方法与团队成员分享这些信息呢？"或者，在主持会议时，你可以这样说："让我们暂停片刻，思考一下刚刚讨论的内容与总体目标的适配度吧。"

　　一个简单的问题就能引发听众的深入思考，也能帮助你暂时远离焦点、摆脱困境，从而重拾镇定。如果你知道自己即将参加一场活动（比如团队聚餐、大型会议或者婚礼），并有可能应邀即兴发言，不妨提前想想上述任何一个问题，做到有备无患。

试试看

下一次，当你面临一个可能需要即兴发言的场景时，如果你开始感到慌乱，就准备一个问题，向听众提问吧。

如果你一想到可能会出现大脑空白的情况就提心吊胆，常备这些工具会给你带来更多的自在感和安全感。在进入一个可能需要即兴发言的场合前，你也可以尝试"理性化"这一过程。问问自己，你真的大脑一片空白的可能性有多大。大多数能够理性思考的人可能会认为，情况不顺利的概率为 20% 或 25%。但这也意味着，一切顺利的概率为 75% 或 80%。反正，我会关注后者。

此外，你还可以这样问自己："如果我的大脑真的一片空白，最坏的结果会是什么？"许多人会这样回答："我会很尴尬"，或是"简直太难堪了""我的职业生涯要就此了断了""再也没有人愿意跟我讲话了。"我们可以列出一长串可怕的后果，但我们也应该正确看待自己的恐惧，并意识到这些后果也许并不会出现。人们常常会因为自己的焦虑情绪和自己会给他人留下的印象而不断内耗，却往往忽略了关注自己。这种现象司空见惯，心理学家给它起了个名字，叫作"聚光灯效应"。然而，我们大概率夸大了别人因我们的发言而可能会对我们产生的负面印象。

"理性化"过程有助于缓解焦虑感，并使我们具有一定的能动性。组织好你的即兴发言内容，有助于降低你大脑一片空白的概率。条理清晰的发言结构犹如一张地图，有它在手，你就不会再迷失方向或大脑一片空白。你可能会认为，只有提前做好详细规划，才有可能组织好自己的讲话内容，但事实并非如此。你将在第 5 章中看到，即使临场发挥，你也可以表现出色。

嗯……呃……比如说……你看啊

当我们思考自己想要说些什么时，那些烦人的填充词总会从嘴巴里蹦出来，所以在解决认知症状前，我们先来解决这个问题。我并不是说你需要完全不说这些词；有时候，填充词的使用会显得非常自然和正常，所以编剧们也会把它们写进电影、电视剧和戏剧对白中。问题是，过度使用填充词——常见的"罪魁祸首"包括"嗯""呃""比如说"等——会分散注意力，就好比口头上的胡写乱画。好在你可以通过使用特定技巧来避免说出这类词，这还是会涉及呼吸问题。

深吸一口气，然后一边呼气一边说"嗯"。可以做到吗？非常棒。现在，请你一边吸气一边说"嗯"。做不到了，对吗？人在吸气时几乎什么音都发不出。讲话是一项"只出不进"的活动，因为我们只有在呼气时才能讲话。了解了这一事实就相当于掌握了摆脱句子和短语之间的填充词的关键。

　　诀窍在于：在讲话时，你要努力将句子或短语表达清楚，如此一来，在句子或短语结束时，你就把气呼出干净了。多试几次吧，这没什么难度，你也不需要用长句或长短语来进行练习。只要在某个句子或短语结束时呼出所有的气即可。这让我想到了体操运动员的落地动作。如果你能依法炮制，在讲话时配合正确的呼吸，当你说完某个句子或短语时，你就该吸气了，此时想要讲出填充词都难。

　　该技巧也有助于在演讲中形成短暂的停顿。我们往往会认为，沟通过程中不应该存在空白时间，因为任何的空白时间都会令双方非常尴尬。事实绝非如此！适当的停顿有助于听众理解和思考你刚刚说过的话。

试试看

　　为了使讲话和呼吸同步，我建议你通过一系列句子进行练习，记得在句末降低音调并耗尽气息。不妨想想完成某项日常活动所需的步骤。如果那是你非常熟悉的一项活动，你就无须考虑自己的讲话内容，可以将注意力集中在句子末尾处。我喜欢详细讲述制作花生酱和果酱三明治的过程："首先，拿出两片<u>面包</u>。""接着，在其中一片上涂上花生酱，但不要涂<u>太多</u>。""然后，在另一片上涂上果酱，也不要<u>太多</u>。""接下来把两片合在<u>一起</u>。""涂有果酱的一面要对着涂有花生酱的<u>一面</u>。""把三明治切成两半即可<u>享用</u>。"当你读到每个带下划线的词语时，注意做到掷地有声，确保你的气息已经耗尽。如果想要进一步练习，你可以尝试使用一些人工智能辅助的演讲准备工具，它们会对你使用填充词的情况提供宝贵的反馈意见。

表 1-1 中列出的技巧可以帮助你有效地应对即兴发言时的焦虑感。

表 1-1　应对"焦虑症状 ABC"的技巧

技巧	描述	说明
训练正念	承认并接纳自己的感受	这些感受是完全合理且正常的
呼吸	深呼吸，当你有意识地呼吸时，让气息填满你的小腹	深呼吸或瑜伽式呼吸有助于驱散焦虑；呼气时长应为吸气时长的两倍
放慢动作	放慢手势和其他动作	言语需要与肢体动作保持同步；让所有动作慢下来，保持冷静
给身体降温	手握一瓶凉水或其他冷的东西	通过给自己降温的方式减少脸红和出汗现象
分泌唾液	咀嚼口香糖或含片	咀嚼有助于激活唾液腺
积极的自我暗示	在心中默念积极"咒语"	此举有助于平息你内心的批判声音，积极地改变你的想法
回到话题，以提问推进	重复你说过的话，提出问题	避免过于频繁地重复，但要唤起你的记忆，重复你刚刚说过的话，或者向听众提出一些问题

续表

技巧	描述	说明
理性一点	告诉自己，如果搞砸了，"最坏"的结果是什么（提示：即使是最糟糕的情况，其实也没有那么糟糕）	人们的绝大部分注意力都集中在自己身上，而不在你身上——记住这一点，理性就会占上风
通过吸气减少填充词	确保每个词都掷地有声，这样你就需要吸气了	你会发现所有填充词（"比如说""好吧"）都会消失

试试看

准备一个即兴发言工具包，配齐你需要的所有东西，以帮助你应对发言时的焦虑感。比如，准备一瓶冰水、一粒含片和一张写有肯定性话语的卡片。回想一下本章中给出的建议，你还可以添加哪些东西来定制适合自己的工具包呢？你可以把这个工具包放在手机、钱包或手袋里。这样一来，在下次大概率要即兴发言的场合中，你就可以用到它了。

焦虑管控方案可助你一臂之力

想要有效应对焦虑症状，我们还要努力坚持使用这些干预措施。花些时间思考一下我所分享的技巧，哪种技巧看起来最为行之有效？你是否已经尝试过其中一种？你是否在生活中的不同领域（例如，当你进行体育运动时）使用过平复焦虑的技巧，以帮助你克服对发言的恐惧？

如果你已经仔细研究过上述技巧，就可以整理出自己最喜欢的技巧，形成一套个性化焦虑管控方案（Anxiety Management Plan，AMP）。该方案能够提高你的能动性和专注力，帮助你在发言时兴奋起来，从而助你一臂之力。选择一些你认为对自己行之有效的技巧（三至五个即可），以应对那些最让你头疼的具体焦虑症状（针对发言焦虑的潜在原因，你也许还想求助于其他技巧，本书后面的章节中将有所涉及）。你可以想出一个缩略语来帮助自己记忆。下面有几个例子。

焦虑管控方案示例

"4G"原则

关注当下：关注当下正在发生的事情，而不是担心潜在的负面后果。

观察你的动作：放慢你的手势来调整自己的说话速度。

给自己供氧：呼气时长是吸气时长的两倍。

给自己"念咒"：默念一个能帮助你平静下来的词或短语。

"3G"原则

告诉自己焦虑是正常的：意识到自己并非唯一感到焦虑的人。

给自己找理由：提醒自己，即使完全搞砸了，这也不是世界末日。

给自己降温：手里拿点冰的东西，使自己保持低体温状态。

我要求我的每一个学生和找我咨询的客户都制订属于自己的焦虑管控方案。他们会不时地向我表示感谢，甚至多年后还会写信告诉我，他们仍然在使用这些技巧。他们的例子证明，当他们在风险重重的情况下进行即兴发言时，找到并实践适合自己的焦虑管控方案会增强他们的信心。只要勤于坚持，细微的改变也会产生重大的影响。

我有一位同事名叫斯蒂芬妮（Stephanie），她在快30岁时接任了家族企业的首席执行官。她的工作职责之一是与背景迥异的75名员工搞好关系，但同时还要保持个人权威。新冠疫情的暴发严重影响了公司业务，她身上的担子也更沉重了。比她年长几十岁的员工有时会感到非常焦虑，希望她能充分发挥领导作用。但当她决定稳定公司业务时，又会引发众人的争议，他们会不停追问此举会给自己带来什么影响。

斯蒂芬妮发现日常交流对她来说压力巨大，而且由于她的母语并非英语，情况变得更加糟糕。她有点无所适从，说话时经常结结巴巴，而且总显得一本正经、不苟言笑，这无一不显露出她的焦虑。她的焦虑一度非常严重，她开始失眠，无法专注于日常工作。她甚至想过辞去首席执行官的职务。

为了帮助斯蒂芬妮，我们为她制订了一套焦虑管控方案，让她不再只执着于未来的目标。尝试了一段时间后，她开始深化和修改自己的焦虑管控方案，使其与自己完全适配。2022年春天，我去探望了她，彼时她的焦虑管控方案已经聚焦于对她意义深重的三个关键词：初心（Heart）、言语（Speech）和思维（Mind），其缩略语为 HSM。"初心"指的是她发言的初衷：她发现，如果提醒自己，她的初衷是为听众服务，她应该关注听众和他们的需求，而不是关注自己，她就没有那么焦虑了。"言语"使她专注于如何在技术层面上与听众建立联系。她知道自己在紧张时往往会语速加快、语无伦次，因此她会特意放慢手势，通过向听众提问的方式迫使自己停下来。"思维"则代表着一种暗示，她会时刻提醒自己，大脑一片空白和搞砸的可能性实际上远远低于她所担心的程度。

斯蒂芬妮管控焦虑的步伐仍在继续，但正因为她采用了本章中所提到的技巧，而且在持续不断地优化自己的焦虑管控方案，她终于可以掌控自己的焦虑感了。她能更有效地领导下属，也更享受自己的工作。事实上，她已经开始指导他人如何在沟通中变得更加自信。焦虑管控方案并非权宜之计，而是一种持续性的实验，每一种技巧都相当于一种假设。一旦生成了自己的焦虑管控方案，你就可以在现实生活中对其加以检验。在参加下一次工作会议或晚宴前，你可以练习使用一下自己的焦虑管控方案。现在就试试这套技巧吧。它们是否行之有效呢？如果答案是否定的，不妨换用其他技巧（不要忘记更新对应的缩略语哟）。

就解决发言焦虑而言，没有捷径可走。我们能做的就是循序渐进地控制这种情绪，让它不至于妨碍我们实现交流目标。

发现"自己"

在进行正式的演讲和报告时，从容自若地随机应变非常关键，当你突然被点到名发言时，这一点尤为重要。正如我们将在第 2 章中所看到的，控制自己的焦虑最终会让你在处境为难时表现得更加自然和真实。你会变得更加大胆、敏捷和幽默、松弛。这样，你就能更好地了解听众的需求，并做出适当的反应；你也能从交流中收获更多乐趣。所有这些都能让你成为更具魅力的演讲者，你将从容自如地畅所欲言。

当本章开头提到的那位首席执行官问我，假设我是一颗洋葱，如果他剥开最外面三层会发现什么的时候，我陷入了"战或逃"状态，但我并没有让紧张情绪控制自己。相反，我启用了自己的焦虑管控方案——深吸一口气，重复自己的"咒语"："我有自己独特的价值。"几乎在一瞬间，我就"满血复活"了，开始自由发挥。

我最终将注意力集中在洋葱上，从中汲取到了回答的灵感。"洋葱会让我流泪，"我说道，"每次我切洋葱时都会泪流满面。我不知道，也许只有我会如此吧——我的泪点很低。事实上，我也希望自己周围的人都愿意通过流泪来表达自己的感受。"

我接着说，在之前的工作中，我雇用的员工都是一些充满激情、愿意分享自己的感受的人。这种坦诚相待的精神和充满活力的状态使我的团队能够齐心协力、同舟共济。虽然我们有时会意见相左，但大家都清楚自己的立场，尊重彼此以及彼此的观点。以这个例子为引子，我又深入地表达了自己对于同理心、信任和心理安全感的认识，以及它们在我生活中的重要性，并表示愿意将这些观念融入自己正在面试的这份工作中。

当时，我做出了一个重要决定：将全部注意力集中在"洋葱"这个话题上，看看自己能想到些什么。但如果当时我被焦虑所吞噬，可能就没有勇气去清醒地做出这个决定了。作答时，我注意到那位首席执行官露出了笑容，他可能并未料到我会这样回答。大多数面试者可能会这样讲："如果你剥开洋葱，你会发现我很勤奋"，或者"你会发现我很诚实。"而在我这里，他得到了一个颇具创意、不同寻常，又切中肯綮的答案，同时还看到了我独特的一面。历经一番周折后，我最终得到了这份工作，并在这家公司度过了一段美好的时光。当时的我未曾想到，这份工作竟然会改变我的职业轨迹。

我相信，公司决定雇用我是综合考量很多因素的结果，但当首席执行官提出让我"骑虎难下"的问题时，我表现得不错，这一点没有给我减分。当然，你也可以在这种情况下尽情地展现自己的个性。控制好自己的焦虑，不要让它控制你，这是不可或缺的第一步。

练练看

1. 带上你制订的焦虑管控方案，在下次即兴发言时加以应用。事后，反思它的应用过程，想想其中哪些技巧有效，哪些无效。你还想对哪一点做出改变，从而让自己下次有更好的表现？

2. 下次当你感受到强烈的积极或消极情绪时，花些时间承认并接纳它。你感觉如何？不妨思考一下这种情绪为什么会出现在自己身上。想想自己所处的环境，出现这种情况讲得通吗？如果有人与你分享他们正在经历的这种情绪，你能否帮助他们理解其恰当性和合理性？

3. 挑战一下自己，每天进行五分钟深呼吸，坚持一周。在这段时间内，找一个安静的地方，专注于自己的呼吸。确保你的呼气时长是吸气时长的两倍。留意一下你在每次练习结束时的感觉。

第2章
释放潜能：力争平庸

说到即兴发言，足够好就等于非常好。

焦虑是一个相当沉重的话题。所以，让我们放松一下，玩一个叫"喊出错误名称"的游戏吧。你是不是没听说过这个游戏？相信我，你会喜欢它的。

当我的朋友兼即兴表演导师亚当·托宾在我们共同教授的一门名为"即兴演讲"的课上演示和讲解这个游戏时，我就爱上了它。这个游戏很简单。如果此刻你坐在办公桌前或一把舒适的椅子上，请站起来在房间里走走。你可以随便走，不时地改变一下方向。或者，你也可以在户外做这个游戏——吸入一些新鲜空气绝对没有什么坏处。

在走的过程中，你可以随机指向某个物体并喊出它的名称，不过我希望你说出的这个名称是错误的。如果你指向一株盆栽，你可以将它叫作"马""粉红色""不管""芝士汉堡"或"哇"——任何"盆栽"以外的名称都可以。做完以上动作后，你可以指向另一个物体，想到什么便可以随口叫出某个错误名称，即使和你给盆栽取的名字一样也没关系。

你需要尽可能快地指向各种物体，用你脑海中蹦出的任何一个词大声说出它们的错误名称。持续 15 秒或 20 秒，然后停下来。

你做得怎么样？ 能不能很轻松地想出一些错误名称呢？这个游戏看似简单，但如果你和大多数人无异，你就会发现它其实极具挑战性。

我的学生和听众们在玩这个游戏时，一般都会在房间里缓慢而谨慎地走动，他们会指向某些物体，但沉默不语。从表情来看，他们陷入了沉思，就好像在试图将某个多项式简化为最基本的形式。他们避免与我或其他人有眼神交流。游戏结束后，他们谈论起这个任务的难度。"我觉得自己蠢极了，"有人说，"我不擅长玩这个。"甚至还有人说："你太坏了，你让我觉得自己很蠢。"

正如心理学家所揭示的那样，相较于出乎意料的刺激，我们的大脑更容易处理那些符合我们预期模式的刺激。例如，心理学家们发现，在让人们读出某些颜色的名称（如紫色、蓝色、橙色）时，如果这些词是用与单词指代的颜色相同的墨水写出来的，人们读起来就会更加容易。但如果看到用橙色墨水书写的"紫色"，大脑一时间就很难反应过来，人们需要花更长的时间才能读出这个词。这一现象源于著名的斯特鲁普实验

（Stroop Test）①，而"喊出错误名称"这个游戏中也存在该现象。

我发誓，让学生——还有你——玩这个"喊出错误名称"的游戏，我并无恶意。通过做错误的事情，你实际上是在练习一种技巧，该技巧对能否成功地进行即兴沟通至关重要，即"力争平庸"。

平庸通常会招致苛评，这也无可厚非。没有人想要放大自己的平庸。但在即兴沟通中，这正是你需要去做的。此处有个令人开心的悖论——你越允许自己平庸，你就越有可能成为一位更加优秀、更具说服力的发言者。

在应对日常生活中的任务时，我们通常会努力将它们做好。但就即兴沟通而言，其实并不存在"正确""恰当"或"最好"的方式，只存在更好或更糟的方式。试图"把事情做好"这一行为本身就会阻碍我们。它会禁锢我们，让我们的思想超负荷运转，使我们无法对听众做出回应，也无法在当下充分展现自己的个性。

为了在处境为难时做到最好，我们需要停止追求完美，而应该坦然面对自己的错误。我们要力争平庸。在本章中，我将努力让你相信，接受不完美的表现是一切即兴沟通成功的关键

---

① 该实验由美国心理学家约翰·里德利·斯特鲁普（John Ridley Stroop）在 1935 年首次提出，其正式名称为"颜色与文字的冲突实验"（color word conflict test）。该实验可以用来评价一个人抑制习惯性行为的能力。——译者注

所在。让我们先仔细审视一下，对卓越的渴望是如何削弱我们的沟通能力的。

做"好"一切的捷径

进行即兴发言时，如果我们试图"做好一切"，会有两个截然不同的心理过程阻碍我们。为了理解第一个心理过程，我们可以重新回到"喊出错误名称"游戏中。我想邀请你再试一次——还是用 15 秒或 20 秒的时间指向不同的物体，喊出脑海中蹦出的任何词。

玩完了吗？很好。这一次，请想一想自己喊过的词。虽然我们的任务是随机喊出任何词汇，但你是否注意到，大脑在完成这项任务时有意识或无意识地采用了某个策略？你选择的词是否有规律性呢？我的学生在玩这个游戏时，经常会说出某一类词。他们会指向不同的物体，接二连三地喊出水果、动物、颜色等类别下的不同名词。其他学生说，他们会借用在场其他人用过的词汇，或者会用到自己之前看到过的物体的真实名称。有些学生会迅速地想出好几个词，他们会用这些词来指代自己接下来指向的物体。

正如亚当·托宾在讲解这个游戏时所强调的那样，使用这些策略很正常，这是我们的大脑在试图掌控具有挑战性的情况时会做出的一部分反应。心理学家用认知负荷理论解释了这一点，该理论认为，面对眼前的任务，我们能投入的工作记忆是有限的。在以科技为中心的现代社会中，当太多信息同时涌入我们的大脑时，我们的工作记忆会不堪重负，我们学起来就会很吃力。大脑会试图帮助我们避免这种结果，它能迅速而毫不费力地唤起我们的思考捷径，也叫作"启发法"，该方法能帮助我们解决问题并完成当前面临的任务。在我们努力"做好一切"并追求完美的过程中，启发法是一个非常重要的手段。

在即兴发言时，我们通常会依赖于启发法。当一位怒不可遏的顾客向我们抛出难题时，我们的大脑会默契配合，从而给出标准回答，我们可能会这样说："得知您的问题未能得到解决，我深感遗憾。您安装产品的方式是否正确呢？"听闻朋友去世时，我们会说："我将永远怀念你。"当亲戚告诉我们一些坏消息时，我们也会给出标准回答，比如："我相信一切都会好起来的。"朋友因为处理不好和同事的关系而询问我们的意见时，我们会不假思索地回答："这没什么大不了的。"

启发法必不可少，因为它可以帮助我们在复杂的情境中果断又高效地做出反应，减轻自己承受的认知负荷。面对某项任务，我们无须多想，只要去做就可以了。而如果缺少启发法，我们就会处处受阻。想象一下，身处杂货店中，在选择买哪种意大利面酱之前，如果我们必须仔细考虑每个品牌和种类的利弊，该有多么麻烦。相反，我们会化繁为简，比如，我们会说："我想买有机但又很便宜的酱汁。"

"因为"一词的惊人力量

启发法效率虽高,但它是需要我们付出代价的,主要体现在两个方面。一方面,启发法限制了我们的自然表现,这会影响我们的临场发挥能力。在一个著名的实验中,心理学家埃伦·兰格(Ellen Langer)请实验参与者走近那些排着队等待用复印机的人,问他们自己是否可以插队。想要插队的人会用不同的方式表达自己的请求,他们有时会使用"因为"这个词并给出理由。她发现,如果他们使用"因为"这个词并给出理由,排在队伍中的人同意他们插队的概率会更大。不论理由是强("我赶时间。")还是弱("不好意思,我想要复印一些东西。我能用一下复印机吗?"),结果都是一样的。"因为"这个词显然会使人们的大脑挂上"自动挡",触发启发法的思维模式,他们或许会想:"如果插队的人有理由,我会让他们插队的。"在提出某个小小的要求时,一个简单的词就可以成为正当理由,这会使人们在做事时不加思考或心不在焉,而不是专注于当下并仔细倾听。

结果,我们懒得花费时间并放慢脚步,去观察周围环境的细微之处,我们也因此错过了一些微妙的东西,甚至有一些不那么微妙的东西也会与我们擦肩而过。当你在杂货店里以价格和是否有机为标准在各种意大利面酱中进行挑选时,你可能没有注意到,其中某些品类是否与常规品类稍有不同(比如厚块状或伏特加味的），或者是否含有你不喜欢的成分（比如添加糖）。结果，日后你可能会觉得自己当时的决定不够明智。

　　如果我们将启发法应用于人际交往，我们可能也会忽略某些细微之处，比如那些与听众需求相关的线索。打个比方，你的同事突然来到你的办公室，出乎意料地询问你对于你们刚刚参加过的会议的意见。你会马上启动启发法的"会议反馈"模式，给出关于诸如会议后续措施、计划调整以及会上讨论过的其他行动事项的意见。但其实你的同事想听到的可能是别的内容——比如对其领导能力的肯定，或者，对方甚至可能只是想听你说一些温暖情谊之类的话。你被"我现在必须谈谈我对会议的看法"的观念禁锢住了，从而错过了一次重要的交流机会。

　　有效的即兴沟通需要我们打破固有的行为模式和陈规。我们不应该匆忙地对某种情形做出反应，而应该暂停使用启发法，花些时间真正地评估自己当下面临的情形，或者通过提问厘清情况。在上述例子中，如果没有受到启发法的引导，我们可能会提出以下问题："你想了解我对于会议细节的意见，还是想听听我的总体印象？"或者，在分享自己的观点之前，我们也可以问问同事对此次会议的看法。从这些问题中获取的信息能为我们所用，帮助我们更有效地做出反应。

嗒，这才是意大利面的正确吃法！

使用启发法还会导致另一个方面的问题：它会限制我们的创造力。我们的大脑是以规则为基准进行运作的，所以我们想要得到意料之中的、熟悉的或合乎逻辑的答案。在即兴情境中，我们不大可能产出更富创意、更加新颖或未知的反应。就这一点而言，我最喜欢的一个例子来自我的同事蒂娜·齐莉格（Tina Seelig），她多年前曾在斯坦福大学为设计专业的学生教授一门课程。她把学生分成了几个小组，让他们相互竞争，想出既出色又具有创造力的商业创意。每个小组有两小时的准备时间，而且有五美元可以支配。他们必须利用这些资源尽可能多地赚钱（当然，前提是不能违法）。之后，每个小组有三分钟时间在全班面前展示自己的商业创意。赚钱最多的小组将赢得比赛。

大多数小组提出的商业创意都颇为有趣，但给人留下的印象并不深刻。有一个小组通过提前预订热门餐厅的位置并将其出售给饥肠辘辘的食客赚了一大笔钱（当时还没有在线预订服务）。另一个小组在斯坦福大学校园内设立了一个摊位，通过为学生提供测量轮胎压力和给轮胎打气的服务赚了几百美元。一开始，给轮胎打气是收费的，但他们很快就发现，如果能让那些心怀感激的学生捐款，他们就能赚到更多。

还有一个小组采用了截然不同的方法。这一组学生认为，他们能售卖的最有价值的资源并非为客户提供服务的能力，而是为那些想要招聘学生的公司提供的被动观众。为了创收，他们还把三分钟的展示时间卖给了一家设计公司。他们最终赚了650 美元，远超过其他小组。

其他小组遵循的都是启发法的思维模式："为了赚钱，我必须想出一些让客户觉得有吸引力的服务。"但这种思维模式禁锢了他们，使他们无法产出各种好创意。而获胜的小组并未采用启发法，因此，他们能够打开认知，提出一系列异于寻常的问题："我拥有的最有价值的资源是什么？如何做才能实现最佳营销效果？"

依赖启发法可能会让我们在处境为难时迅速做出反应，但它通常也会导致我们无法打开自己，从而舍弃那些能让观众感到惊喜或深受吸引的方式。只有当我们敢于叫停，并勇于突破正常的心理规律时，奇迹才会发生。

前些年，我有幸教了两年高中英语。如果你想让自己的即兴发言能力得到充分发挥，中学教师可能是你最好的职业选择。在每天的交流中，我都会碰到一些全新且意想不到的挑战，我必须时刻保持警惕。

我的班上有个超级聪明的男孩，但不知何故，他非常喜欢在课堂上捣乱。他的做法是：在课堂讨论时，他会突然脱口而出一些随机的单词和短语。我可能正在讲《了不起的盖茨比》（*The Great Gatsby*），突然就会听到教室后面有个声音喊"我的 T 恤脏了"或"鸽子吓着我了"之类的话。这种突如其来的胡言乱语在其他孩子看来非常有趣,而我却备受困扰。

我知道这个男孩是想引起他人的注意,所以我通常不会回应他的胡喊乱叫。有一天,我终于忍不住了。上这节课前我刚吃完午饭,所以桌上碰巧有一小包帕尔马干酪。课上到一半,男孩脱口而出:"我喜欢吃意大利面。"其他孩子捧腹大笑。我当时太想让这个孩子安安静静、规规矩矩的了,看到那包奶酪时,我灵机一动,说道:"嘿,接住!"然后把奶酪扔给了他。"喏,这才是意大利面的正确吃法!"

我的这一举动就是一种即兴沟通,而且颇有成效。学生们都笑了,他们觉得非常有趣。我们继续上课,男孩则保持沉默。在那之前,我一直在采用自己标准的教学启发法,比如"忽略并继续",或者"停止上课,惩罚捣乱的男孩,如果他不服从,就威胁他要承担后果"。但在那一刻,我想到了以一种完全不同、意想不到的方式来应对这种情况,同时还展现了自己的个性和幽默感。我的学生也很喜欢我这种做法,他们会换个角度看待我。在他们眼中,我成了一个他们可以用更真实的方式与之建立联系并进行互动的老师。

打破启发法

想要提高沟通能力,我们也无须完全放弃启发。相反,我们应该清醒地意识到自己会习惯性地走思考捷径，所以我们要学会时不时地对它们置之不理或将其直接拒之门外，这样我们才能反应更加敏捷，也更能灵活应变。在沟通中，我们应该思考如何提高自己有意识地选择的能力，而不仅仅是直接给出死记硬背式的回应。

有一种方法是，对我们通常会使用启发法的情形保持警惕。通常，当我们遭遇某种压力源时，我们就会求助于启发法。我们可能需要进行抉择，而铺天盖地的选项会让我们手足无措。我们可能会感到疲倦、饥饿或时间紧迫，也可能会发现自己正处于不确定的或模棱两可的境地。为了避免使用启发法，我们一开始就要让自己远离压力。当我们确实面临压力时，我们可以控制它，同时可以照顾好自己，让自己慢下来或者为自己找一些正当理由（见第 1 章）。减轻自身的焦虑感可以让我们更豁达坦率、更深思熟虑、更专心投入。我们还可以观察周围那些使用启发法的人，尝试避免类似的模式，从而对启发法有更多了解。例如，如果我们自己是为人父母者，我们可能会注意到，当孩子接二连三地提出各种要求时，有一些父母总是会提高音量。当孩子让我们感到很烦时，我们可以有意识地去改变自己的行为，比如，放慢速度、降低音量、倾听孩子的请求等。

我们也可以花些时间反思自己的行为。如果我们是团队领导者，试图在出现问题时能更有效地进行沟通，我们就可以养成每天回想自己是如何处理这些情况的习惯。我们是否会以某种固定的方式做出条件反射般的反应呢？ 特定的触发因素是否会加剧这些反应？ 这些反应的作用到底有多大？ 在这些情况下，我们该如何暂停使用启发法呢？

应对思考捷径的最后一种方法是重构我们的思考和行动方式。为了让自己时刻保持警觉和敏锐，右撇子运动员经常会使用左手或超过平时重量的球进行练习。他们所有根深蒂固的习惯都会被抛诸脑后，他们必须重新进行学习。我认识一位作家，他会经常改变自己的写作地点，从而将自己从根深蒂固的思维模式中解放出来。他最常去的地方是他的办公室，但有时候他也会选择在医院候诊室、酒店大堂、机场、殡仪馆、空荡荡的电影院或法庭的旁听席写作。正如他告诉我的那样，在新的地方写作可以让他摆脱一成不变的固有模式，释放出源源不断的新点子。

同样地，创意专家也会积极主动地挣脱启发法的束缚。为了挖掘新创意，IDEO[①] 设计公司独辟蹊径，在其他看似毫不相干的环境中寻找灵感，因为在这些环境中，可能存在类似的情况或奉行相似的原则。其中一个案例是，该公司被委托重新设计一家医院的急诊室，以提高其运转效率。常规的做法是对一些设计极具创意的医院急诊室进行研究，并借鉴其中的某些点子。然而，这样做可能会让 IDEO 公司的设计师受到启发

---

① 有官方中文译名的机构或品牌，本书中使用其中文译名；没有官方中文译名的机构或品牌，本书中保留其外语原名。——编者注

法带来的偏见的限制，从而影响急诊室的设计。

恰恰相反，为了弄清楚急诊室如何才能发挥最大作用，IDEO 公司想到的是，去研究其他高强度的工作环境。他们想到的一个方案是对一级方程式赛车维修人员的工作表现展开调研。IDEO 公司认为，维修团队与急诊室团队有相似之处，因为两者都必须在高压情况下快速有效地开展工作，以诊断和解决问题。IDEO 公司打破了医院设计项目中通常存在的惯例，从维修人员身上寻找灵感，结果获得了各种各样的新点子，并将其应用于急诊室设计。

例如，维修人员通常会提前确定他们在比赛期间需要处理的常见维修问题。针对每个问题，他们都会将需要用到的零件和工具组装成工具包。这样，在需要维修时，他们就可以立即行动，而无须到处寻找零件和工具。IDEO 公司将类似的工具包引入急诊室，以处理一些常见情况，如患者服用过量药物或心脏病发作。这项创新使得急诊室能够更有效率地治疗病人。打破常规的启发法思维，一切都会不同。

暂时规避惯有的思考捷径能让我们从中受益。如此一来，我们就赋予了自己更多的空间，让自己在沟通中反应敏捷并更有创造力。

试试看

不妨接受一个为期一周的"打破启发法思维"挑战吧。首先，想想你在交流时经常使用的启发法。也许你会以"愿您一切都好"作为邮件的开头，或者当有人问你问题时，你会先回应"好问题"。在这一周中的每一天，都请你想出一个可以打破启发法思维的举措。在其中一天，假设自己面临着一个压力巨大的特定情境，然后采取措施控制自己的焦虑。你可以用两到三分钟的时间来反思自己的行为。或者，你也可以想方设法地添加一些新鲜元素，把自己从根深蒂固的模式中解放出来。

"正确的"错误名称

进行即兴发言时，尤其是当我们想"做好一切"时，启发法并非唯一阻碍我们的心理因素。为了揭开第二个阻碍因素的面纱，让我们再度回到"喊出错误名称"游戏吧。当我询问学生们对于这个游戏的体验时，我经常会听到他们责备自己。他们的反应通常是"我失败了""我缺乏创造力"或"我还不如某某人"等。最令我吃惊的是，小组里有人说："我觉得自己错得还不够离谱。"我请他们详细说明，他们说道："呃，我本来打算把这把椅子叫作'猫'，但它们都有四条腿，而且猫还会坐在椅子上，所以我这个答案还不够离谱。我本可以把它叫作'墨西哥卷饼'或'加拉帕戈斯群岛'的，这两个词和椅子的关系就远多了。"

我们不妨思考一下这个答案。这个游戏的规则就是喊出错误的名称。我没有明确地定义"错误"，也没有强加标准，规定哪些形式的错误更好或更坏。游戏的目的也并非与他人一较高下或者比较彼此的答案。然而，学生们却试图以自己认为"正确"的方式去玩这个游戏，其判断标准就是他们所犯错误的离谱程度。

在很多情况下，这种自我评价对我们颇有益处——在生活中竭尽全力做到最好确实很重要。的确，如果不对自己的言行加以判断和评估，你可能会丢掉工作，或者你的人际关系会一团糟。但在某些情况下，尤其是在那些突发情况下，一味地专注于监控和评判自己的表现可能会让我们表现得更糟。因为它会消耗我们的认知能力，让我们无法像预期中那样心无旁骛、有创造力、信心百倍、反应机敏，甚至会阻碍我们开展行动。

我曾经有一个学生，在玩"喊出错误名称"游戏时，他只是站在那里反复地指向同一个物体。他想喊出某个名称，却什么也没说出口。我问他在做什么，他说他就是想不出"正确的错误名称"。他应该是在评估脑海里蹦出的每一个名称，根据自己内心的规则对这些词逐一进行查验，结果没有一个词能达到他预设的那个标准。

不难理解我们为何会如此苛求自己，有时甚至到了完美主义的地步。我们中的许多人都是在强调表现的文化中长大的。父母、老师、老板、教练和其他人都在向我们灌输这样的信息：

凡事都有正确的方法，只有做对了才算得上好。在我们的一生中，我们会因正确地完成任务而获得各种奖励，比如，得到表扬、奖杯、金钱或者华丽的头衔等。我们也会因搞砸事情而受到各种惩罚，比如，来自他人的负面反馈、糟糕的成绩，或者是害怕别人会瞧不起我们。失败的感觉简直糟透了，而做好一切令我们感觉良好。难怪我们会不断地监控并评判自己的表现，甚至到了吹毛求疵的程度。

我们经常会迅速判断自己表现的另一个原因是，这样做能使我们冷静下来，并赋予我们一种掌控感。生活中那些难以预测、模棱两可的情况会让我们感到脆弱和不堪一击。而专心致志地，或者有时痴迷于完美地完成任务会赋予我们一种主体感。在参加重要会议之前，我常常会将注意力集中在自己想说的话上。现在我意识到，这是在试图让自己有一种"掌控命运"的感觉，但实际上会发生什么并不在我的掌控范围内。

当然，我们只有相信自己有能力实现目标，才能暂停完美主义，这也正是我希望你树立的信念。我向你保证，它会让你收获满满。在鼓励我的学生和其他观众暂停自我判断之后，我让他们重玩"喊出错误名称"游戏。这一次，他们中的大多数人都拥有了截然不同的游戏体验。他们脸上的笑容更加灿烂了，他们在房间里走动的速度更快了，指向物体时也毫不迟疑。他们会迅速地想出各种名称，也更加享受这个游戏。

我们常常会跟自己过不去，每一天都在为自己的表现感到担忧。但实际上，我们不该如此苛求自己。

敢于无趣

我们怎样才能不过度评判自己呢？ 有一个简单到令人吃惊的重要技巧，就是让自己去做需要做的事。不需要尽力做好，只需要不偏不倚地专注于将信息传递给听众即可。

该技巧实际上是即兴创作的核心原则。优秀的即兴创作者会努力克服自己身上的完美主义倾向，他们会告诉自己，"足够好就等于非常好"，应该"敢于无趣"。他们知道，一个人越是敢于变得无趣，就越有可能不那么无趣，因为在交流中，人们会充分利用自己的认知资源。"'显眼'是最富有力量、最具创造力的咒语。"即兴创作家丹·克莱因（Dan Klein）这样告诉我，"当你试图进行原创时，你说的话听起来无异于其他任何想要进行原创的人。但当你很显眼时，你才是你自己。这才是真实又真诚的东西。"

娱乐业高管史蒂夫·约翰斯顿（Steve Johnston）担任喜剧界翘楚"第二城市"（Second City）剧团的总裁兼执行合伙人近 20 年，目前协助经营着 Mindless 公司，这家公司会使用一些实用又自由的即兴表演方法愉悦观众。他观察到，人们在说话时总认为自己需要提出一些奇思妙想，贡献一些具有重要意义、漂亮非凡或者能够超越前人的东西——他将这些东西比作一座大厦。但对话的基本要素——建造大厦的砖块——也很重要。我们应该像那些砖块一样，安静等待、认真倾听，不时在对方的观点之间建立逻辑关联。我们无须每次都说出一些原创的或开创性的东西，我们使对话得以继续进行，并将各部分联系起来，就已经足够了，甚至算得上特别厉害了。我们不必费尽九牛二虎之力成为一座大厦，尽己所能做好一块有用的砖就很好。

一开始，努力让自己成为一个无趣的人可能会显得很奇怪，甚至有点可怕。当我告诉斯坦福大学的学生要敢于表现得无趣时，他们看着我，倒吸了一口冷气。

从来没有人告诉过他们要这么做。但是，这些学生想要在即兴沟通中表现出色，而暂停评判自己和放弃一部分掌控感正是他们需要的。他们足够聪明、积极向上、勤奋刻苦。对他们来说，想要提升沟通能力，下一步应该是利用自己宝贵的认知资源，将花费在追求完美上的时间重新投入当下，专注于手头的任务。要实现这种转变，刚开始需要付出大量努力，这似乎与我所说的"节约精力"相矛盾。但学生们发现，通过练习，他们的沟通确实变得更加顺畅和真实了。

记住，没有正确或错误的沟通方式，只有更好或更糟的沟通方式。从想要做好一切转向专注于做事本身，有助于减轻我们的压力，因为这会让我们不再将大量注意力放在追求最佳沟通方式上，而专注于用自己的语言和方式进行表达。我们的交流会变得更加轻松，认知负荷得以降低，且更具个人特色。专注于当下要做的事，不要让评判行为消耗自己的"带宽容量"。

试试看

花一分钟想想你曾经历过的一两次成功的即兴沟通——你当时只是做了需要做的事情，并未过度监控和评估自己的表现。结束之后你是什么感觉呢？提醒自己，你可以做好这件事，所以你应该相信自己，并保持"敢于无趣"的心态。

拥抱"错过的镜头"

当我们不受自己表现的困扰，能够专心投入做事本身时，我们就可以将自己从害怕犯错的压力中解放出来。

想要接纳错误，我们可以学着调整对错误的看法——不要把错误看作成功的对立面，而应将其视为成功的手段。斯坦福大学的营销学教授 S. 克丽丝蒂安·惠勒在我的播客中发言时表示，错误和失败是学习过程中很自然又很重要的一部分。当我们还是蹒跚学步的孩子时，我们根本不在乎自己犯不犯错。我们总会把最简单的事情搞砸，比如，走路、使用勺子、系鞋带等。但成年后，我们让自己远离失败，这样的做法反过来会阻止我们学习和成长的脚步。"我们需要认识到，失败是一件好事，"惠勒说，"失败说明我们正在做的事超出了自己的能力范围，我们还可以学习一些技能，以更好地适应自己所处的环境。"

错误发生时，通过练习接纳甚至拥抱错误，我们可以主动减少自己条件反射般的自我评判。为我们犯的（或可能会犯的）每一个小错误倍感压力，是在让自己背负巨大的精神负担。我发现，将错误想象成电影制作过程中"错过的镜头"大有裨益。摄制组在拍摄某一幕时，通常会拍好几个版本或若干个"取景镜头"。他们可能会取特写镜头而不是远景镜头，会要求演员站起来而不是坐着，或者让演员调整自己的语气等。他们这样做并不是因为某个镜头拍对了或拍错了，而是因为导演和工作人员想要扩大选择范围，确保自己不会错过某个意想不到的渲染场景的好方法。他们追求多样化，想获得那些可能更具创意、独一无二或天马行空的镜头。

我们可以将交流场景当作尝试各种可能的方法的机会（详见第3章）。如果我们卸除每次互动时的压力，每次经历就都将成为众多"镜头"中的某一个，可以让我们明白更好的沟通可能是什么样的。其中的错误也会让我们知道应该朝着哪个方向努力。它们不但不会削弱我们的能力，反而会赋予我们力量，让我们在成为优秀沟通者的道路上越走越远。

将错误重新定义为"错过的镜头"拥有惊人的力量，其影响不止存在于沟通中。作为一名狂热的武术练习者，我曾经历过一段"碰壁"时期——当然，这是比喻的说法，并非指真的"撞墙"——当时的我不知道要做什么。我已经熟练到了一定的程度，却无法进一步提高。事实证明，我出拳的方式大有问题。我很想打出理想的一拳，而我惯有的身体移动方式限制了我出拳的力量。我的出拳可能看起来不错，但实则不够刚劲有力。为了解决这个问题，我开始专注于那些"错过的镜头"。我不再追求自己所谓的完美形态，而是尝试着一边以不同的方式移动身体，一边出拳。在每一次尝试时，我都会记录自己的感受和所取得的结果。有些调整并没有起到作用，那些本不该痛的地方会感到疼痛，或是我出拳的力度没有什么变化甚至更加绵软无力。我把这些"错过的镜头"放到一边，重新调整后继续尝试。随着时间的推移和尝试次数的增加，我发现了一种调整身体的方法，它可以让我在出拳时更加刚劲有力。从传统角度看，我的姿态并不完美，但它对我来说非常奏效。只有当我将错误视为更宏大的学习过程中宝贵的一部分时，我才能有所精进。

在专业领域，我们可以通过公开庆祝失败并系统地从中学习的方式来接纳或拥抱错误。我工作过的一家软件公司会举办被大家称为"失败星期五"的活动。每逢星期五，全公司的人都会一起享用免费午餐。员工们会花几分钟时间分享自己遭遇的失败，领导们则会为他们颁发"最佳失败奖"。这样做的目的是使失败正常化、鼓励冒险，并鼓励团队从错误中吸取教训。很重要的一点在于，在该活动中胜出的"失败"不能是别人已经经历过的失败。失败很可贵，但前提是我们愿意花时间从中吸取教训。

试试看

想一想你在日常生活中会定期进行的交流，比如每周进行的动态更新或是在线办理的登记手续。通过尝试不同的方式来挑战一下自己吧。你可以调整自己的情绪、调整声音的大小、把陈述句变成问句、邀请别人先发言、表达幽默、调整体态，等等。

要对话，而不要表演

无论我们是否意识到了，我们中的许多人都会将正式发言情境中的即兴互动等同于表演。当我们第一次见到某人并进行闲聊，或是在一群人面前讲话时，我们不会像平时那样自在，而会感觉自己好像站在舞台上，面前有很多观众。即使听众只有一两个人，这种情况也有可能发生，他们的存在本身就意味着压力。在我们的假想中，这些听众会挑剔我们的每一个动作，他们会根据某些规则或者他们自己的期望对我们加以评判。对我们来说，这样的认知会增加我们的压力，让我们开始监控和评判自己，并试图取悦听众。

想一想生活中我们会进行表演的常见场合：演奏乐器、在垒球队打球，或者在舞台上演出。在这些场合中，每个人的眼睛都盯着我们，我们的行为举止也有对错之分。如果我们弹错了音、把球打入比赛无效区，或者忘了词，观众都会看得一清二楚。一些体育运动的确会对运动员的失误次数进行记录。

将即兴互动重新定义为对话而不是表演，可以让我们更加放松。与表演相比，对话更加随意，也让我们更有熟悉感。在对话前，我们从不预演，而会直奔主题。我们通常也不会考虑自己犯的错误，只会保持言语的流动，并与对方建立联系。虽然有时对话也会让人感觉不舒服，我们也有可能感觉自己在被对方评判，但这些感受远不如表演场合中那么强烈。我们可以放松地做自己。

为了将沟通重新定义为对话，我们可以采取三个步骤。首先，我们可以调整自己的语言。当我们感觉自己像站在舞台上，或是站在聚光灯下时，我们的措辞可能会显得冷淡、正式又被动。出现这种情况是因为我们感到焦虑，并且想要建立自己的权威。除此之外，我们还有可能会与听众保持距离，我们会退后一步，或把双手交叉于胸前。

假设你是一名医生，正站在很多同行面前讲话，你可能会说："医生的当务之急是解决这个问题。"这样的语言表达会让你和听众之间产生距离。但如果你说的是"我们必须解决这个问题"，这样的表达不仅简单明了，而且更有说服力。"我们"一词更具包容性。这样的交流给人的感觉更直接，也更像一种非正式的对话。一旦你开始使用这样的语言，你的听众可能也会开始做同样的事。你之前可能会把这次互动当作表演，但现在这种感觉消失了，你们彼此之间的联系更加紧密。通过直接指出"这个问题需要大家一起解决"，你离真正解决问题更近了一步。

另一种将沟通重新定义为对话的方式是提出更多的问题。问题，甚至是反问，都涉及双向互动。你和对方会进入一来一回的状态，你再也无须站在"舞台"上孤零零地面对听众——你在参与一场对话。即使你在陈述某些内容，你也可以将其想象为某个尚未被问到的问题的答案，这本身就能给你一种对话的感觉，从而减少你可能会感受到的压力。

在正式的演讲场合中，回答自己没有问出口的问题也有助于缓解压力。我认识一位杰出的学者，他是诺贝尔奖得主。他想提高自己的公众演讲能力，他认为自己的演讲能力还不错，但有点死板。他开始围绕自己的主要研究问题设计幻灯片，并将这些问题作为幻灯片的标题。这些问题成了帮助他传达自己想要表达的内容的线索，而他只为听众提供了问题的答案。该技巧使他的演讲更加贴近受众、更口语化，也让他自己感觉更加放松。预先计划好该如何呈现自己的每一个想法，好让听众觉得文雅巧妙或完美至极——他并未这样做，这一点也不会困扰他。他只是很随意地与听众对话，问出他们可能想到的问题，然后给出答案。

最后，我们必须提防死记硬背的陷阱，因为许多人深受其害。在工作面试之前，或其他我们大概率不得不即兴发言的情况发生前，我们是可以提前确定一些关键词或谈话要点的。这样，我们就知道该说些什么了。

把自己可能想说的话写下来确实有用，但死记硬背也会给我们带来困扰。它会让我们觉得此次交流是一次非常正式、经过反复排练的演讲，当我们无论如何都想不起来为了这次对话而提前准备的那句巧言妙语时，我们就会精神紧张。结果是，我们会仔细检查自己说过的每一句话，注意每一个与原剧本有出入的小细节，并将其视为一个错误。此外，花费宝贵的精力去"记台词"会抑制我们对周围人做出自然反应的能力。它会让我们没有足够的认知能力去倾听他人的意见，并做出相应的反应。我们本应在自己该在的地方——沉浸在社交中，结果却被困在了自己的思绪中。

不要急于死记硬背，而要试着把你想说的话写下来，然后列出一个简短的、重点突出的提纲。这种做法不仅可以让你对相关细节展开细致的思考，而且能帮你提炼出便于记忆的简明结构。有了这个结构，在演讲过程中你只需要自信满满地填补提纲中的空白就够了（关于结构的更多内容，见第 5 章）。

表 2-1 总结了本章中提到的一些能够帮助我们轻松地进行即兴沟通的方法。

表 2-1 避免成为自己的绊脚石的方法

建议	解释	益处
警惕启发法	在面对压力源时，人们通常会用到启发法，但当你饿极成怒、精疲力竭或者怒火中烧时，务必要警惕	如果你学会反思并放慢速度，你就会更加与众不同，而且能与听众建立更加紧密的联系
敢于无趣	不要将注意力集中在"做对一切"上，不妨借鉴耐克的宣传语——"只管去做"	如果你不再监控或预判自己的表现，也不再追求完美，你就会更具创造力，也会感到更加自由
接纳错误	将失败重新定义为通往成功的必经之路	千万不要认为自己的互动是失败的，把自己想象成电影明星，错误只是拍摄过程中"错过的镜头"而已
开展对话	记住，人们并不会像你想象中那样密切地审视你的一举一动（或者根本一点也不会）	如果我们将互动看作一场对话，而不是为吹毛求疵的公众进行的表演，我们与听众之间的互动就会更加畅通无阻
随意一些	为了实现"从表演到对话"的转换，可以调整自己的语言，随意一些效果更佳	不用那么一本正经，这样你和听众的距离会更近，你也会更受听众喜爱
要对话，而不要独白	你并非"舞台上的智者"，所以互动和提问必不可少	只有"双向奔赴"才会使我们的人生和每一次沟通更加妙趣横生并取得成功
临场发挥是最佳选择	抵制"背台词"的诱惑，准备一些提示或讲话要点即可	如此一来，你的精神负担就会减轻，你也不会显得那么拘谨

与自然的自我重新建立联系

安东尼·韦内齐亚莱（Anthony Veneziale）是即兴沟通领域的大师。自 21 世纪初起，他一直是即兴演出"自由潇洒爱最大"（Freestyle Love Supreme）的成员，这是他与演员林-曼努尔·米兰达（Lin-Manuel Miranda）共同创立的即兴喜剧，曾荣获托尼奖（Tony Award）。他还与其他人共同创立了 Mindless 沟通培训公司和"自由潇洒爱最大"学会（FLS Academy），后者致力于"通过即兴创作和自由式说唱培养多元化的创意声音"。如果有一个人深谙现场交流之道，这个人非韦内齐亚莱莫属（如果你不相信我，只需要去看看他 2019 年在 TED 做的即兴演讲，那是他根据事先从未看过的幻灯片现场创作的）。对他而言，即兴演讲不仅是一种有趣的消遣或一份职业，而且是一种生活方式。

你可能会认为韦内齐亚莱是最不可能在处境为难时感到紧张的人。但他曾有一段时间很难自然地讲话，他为此焦虑不已。韦内齐亚莱小时候患有严重的言语障碍，他无法发出字母 r 和 w 的音。他的四个哥哥无情地取笑他，让他愈发害羞，不敢表达自己的想法。他只好保持沉默，因为他害怕每次开口都会失败，也害怕遭到他人的排斥。

通过与一位言语治疗师合作，韦内齐亚莱克服了自己的言语障碍。这位治疗师要求他大胆地开口讲话——比如在课堂上发言、主动要求第一个发言，或者向店员寻求帮助——然后用小零食或玩偶奖励他。到了中学，他参加了学校的话剧试镜，因为他觉得这种"低风险暴露疗法"让他在讲话时更自信了。"我当时想，'我现在可以做到了。我能说出'root beer'了，不会再把它发成'woot beer'。小时候，我说话时嘴里常常像含满了弹珠。"他在讲话时越来越自在和风趣，最终加入了大学的即兴喜剧团。从小事做起，循序渐进地将自己暴露在即兴讲话的情境之中，这一做法带来了深远的影响。

我们应该承认，对某些人来说，他们对失败的恐惧可能比其他人更为强烈。如果我们属于传统意义上的少数群体，我们可能会感到被边缘化，或者因作为这个群体的少数代表而承受着外界额外的压力。正因为风险更大，所以我们更害怕失败。由于个人的过往经历，我们可能会遭遇"冒充者综合征"（imposter syndrome）①，我们会担心自己格格不入，或自己的表现达不到预期。

我要明确一点：你会融入得很好，而你的贡献意义重大。

Mindless 公司的销售副总裁维韦克·维努戈帕尔（Vivek Venugopal）建议，在面对任何沟通挑战时，无论是正式场合还是即兴场合，我们都应该多想想自己在这个过程中的独特视

---

① 指一个人按照客观标准被评价为已经获得了成功或取得了成就，但其本人却认为这是不可能的，其认为自己没有能力取得成功，感觉自己在欺骗他人，并害怕这种欺骗行为被他人发现的一种现象。——编者注

角。他竭力主张我们要做自己，并且记住："你为何受邀前往世界各地演讲，为何受邀在婚礼上致辞，又为何要进行一对一的会谈。这一切并不是因为你的头衔，而是因为你生命中的所有经历。拥抱这些经历吧，并将它们用在你的发言中。"

我坚信，每个人都有深藏的即兴发言才能。我们要做的是不再当自己前进道路上的绊脚石。与其束缚个性，让拘谨掩盖住我们的个人思想和观点，不如解放思想，与自然的自我重新建立联系。我那些在即兴创作方面经验丰富的朋友们早就提醒过，日常生活本身就是即兴的。没有人会严格按照预先安排好的剧本或计划生活（好吧，也许某些高度程式化的政治家会这样做，但普通人不会如此）。我们都懂得如何表现得自然。我们只需要控制自己的恐惧，并在社交互动中练习如何保持这种自然。

练练看

1. 下次参加会议时，观察一下自己倾向于如何做出反应。你会采用哪种思考捷径？例如，当同事提出建议时，你是否会通过说"好主意"来讨好他们？当你说出想法并回答听众的问题时，你是否在对方问完每个问题后都会说"好问题"，从而为自己赢得思考的时间？找出三条你常走的思考捷径。对于每一条捷径，想想是否有其他更自然的回应方式。在以后的对话中尝试使用这些替代方案。

2. 下次在和某人进行即兴交流后，不妨花几分钟反思一下，仔细回想一下你在对话过程中做出的所有自我评判。你是否比想象中对自己更为苛刻？你的判断和评价是否揭示了某种模式？你的评判对于提高你的即兴沟通能力有帮助，还是让你表现得更糟了？

3. 想想你经历过的失败的沟通，以及这些失败对你的影响。尽管失败令人痛苦，但它们是否也为你带来了重要的收获？你从中吸取了哪些重大教训？

第 3 章
重新定义：注意你的思维方式

处境为难时，你依旧可以恢复控制力。关键在于你自己怎么看。

大多数人都不喜欢在陌生之地迷路的感觉。他们认为，这不只会带来不便和浪费时间，甚至可能会威胁自己的人身安全。所以，他们会打开 GPS，用它来导航。导航系统会告诉他们应该去往何处，他们再也无须担心自己会迷失方向，或者偏离路线，误入未知之地。他们很少留意沿途的风景，因为他们只关心目的地，而非旅程本身。

我的朋友丹·克莱因在斯坦福大学担任讲师，他是即兴创作方面的专家。他采用的方法与众不同。他外出散步或慢跑时，会有意识地尝试迷路。他在我的播客中讲过，他不会"迷失到让自己面临人身危险和麻烦的地步"。"稍微偏离方向就好，你有可能会发现崭新而美好的事物。"

有一次，克莱因在旧金山湾区附近慢跑，他决定进行一次小小的冒险。他最近刚搬到这一带，已经习惯了沿着附近的自行车道跑步。他一时兴起，在一个十字路口选择了右拐，想看看会有什么发现。刚走了半个街区，他发现市中心竟然有一条步道。他之前去过那个地方，却从未注意到它。

沿着步道前行，他发现自己来到了一个不大的城市公园——一片本土植物遍布却鲜为人知的绿洲。"我发现自己立刻被吸引了，"他说，"各种加州本土植物令我目不暇接，它们独特的气味沁人心脾。我仿佛经历了'嗅觉大爆炸'，这一切简直令人难以置信。"

他逗留了片刻，欣赏了一番周围的环境和大自然的美景。这段美妙的经历令他念念不忘，而倘若他没有冒险、没有偏离常规，他就永远都不会享受到此番美景。从那时起，他每次锻炼前都会去这个小公园热热身。他会深吸一口气，陶醉于这些植物的芬芳，"然后我才开始锻炼"。

如果我们抛开常规的期待和目标，以开放、好奇和冒险的精神拥抱这个世界，我们就会有意想不到的收获。迷路如此，即兴发言也如此。通过改变思维方式，我们可以训练自己将即兴互动视为学习、合作和成长的机会，而不是威胁。通过这种转变，我们的沟通效果会更好，我们也会学着真正享受这一过程。

即兴沟通产生的压力常常会让我们将它看作一种内在的威胁——一次我们必须通过捍卫和保护自己才能应对的严酷考验。我们会花费过多精力捍卫自己的观点，结果无暇开展富有创造性的、热情洋溢的交流。我们的情绪或身体也开始发出信号，告诉我们一切都很糟糕。我们的思维开始有防御性而不是包容性。从身体上看，我们会退缩至防御姿态（有时候甚至真的会往后退一步或躲在椅子后面），关掉摄像头，双臂交叉置于胸前，或者佝偻着身体。我们的呼吸可能会加快，声带会紧绷，声音会变得尖利。我们的语气听起来极具防御性——语速急促、唐突无礼、烦躁不安、尖锐刺耳——我们传递的信息可能会残缺不全、缺乏包容性，令人觉得遥不可及或过于封闭。

如果我们将即兴沟通重新定义为机会而非威胁，我们就会轻松很多，让自己的个性闪耀发光，甚至能享受个中乐趣。当我们开始考虑各种新的可能性时，我们关注的重点就扩大了。我们的身体会有更开放的姿态，我们能够与他人更为亲近、联系更加紧密，我们也显得更有魅力。我们的语气听起来更加自信满满、有说服力、恰到好处，我们传递的信息也会显得更有同理心、更详尽细致、更包容而引人入胜。这一切变化反过来会引发良性循环。当我们更加放松、投入，更加享受地做自己时，我们也会感染周围的人，而他们积极、开放、好奇的态度能激励我们走得更远。

平心而论，不同场合中的对话，其风险性也各不相同。在工作面试、竞争激烈的推销、学术辩论和其他许多情况下，我们很可能会遇到将矛头对准我们的人——反正我遇到过。如今这个时代，人们普遍易怒，持怀疑态度或满怀敌意的听众并不少见，尤其是在网络环境中。然而，正是在这些情况下，富有技巧的沟通更能派上用场。不仅如此，我们还可以重新构建自己对这些"威胁"的看法，它们会在意想不到的时刻帮助我们。

许多人都害怕碰到那些喜欢批评或者诘问他人的人。我们害怕他们会让我们分心或偏离轨道，显得我们格外愚蠢，我们也害怕他们指出我们逻辑上的缺陷。但喜剧演员、社交媒体红人特雷弗·华莱士（Trevor Wallace）却很喜欢观众起哄的混乱时刻。正如他所言，这些时刻是独一无二的——它们有一种神奇的魔力，且具有不可复制性。每逢这些时刻，他都不会着急继续往下讲，而会停下来去感受它，他还会向起哄者提问，看看对方到底想要什么。这样做的结果是，华莱士经常会写出一些极其有趣的故事，而如果没有这些经历，他就写不出这样的故事。华莱士会在社交媒体上分享这些被延长的美妙时刻，也得到了更多观众的青睐。

同样地，对于生活中那些混乱的即兴时刻，我们也应该欣然接纳，而非匆匆略过，这样，我们会收获一些意想不到的好处。在绝大多数情况下，每个人多少都具备一些打开自己、迎接各种可能性和机会的能力。即使面对的是那些恶意打断我们的人，我们也可以尽可能真诚地与其充分接触。一切都取决于我们的思维方式。

阿莉娅·克拉姆（Alia Crum）是斯坦福大学的心理学家，也是斯坦福大学心身实验室（Stanford Mind and Body Lab）的主任，她在我的播客中将思维方式（mindset）定义为"看待现实的方式，它会塑造我们对事物的期待、理解，以及我们想要做的事情"。在该定义的指导下，我鼓励学生和客户实现四种关键性思维转变——转变自己的思想和使用的方法——从而让自己以更开放的心态面对即兴发言过程中的诸多机会。有些转变可能已为大众所熟知，但有些则不然。接下来，让我们依次探索这些思维转变，并发掘一些相关技巧，让有益的心态成为我们生活中至关重要的固定组成部分。

思维转变 1：
从固定型思维转向成长型思维

心理学家卡罗尔·德韦克（Carol Dweck）指出，针对我们的个性和潜力，有两种截然不同的理解方式，即她著名的"固定型"和"成长型"思维论断。固定型思维论断认为，我们的知识和能力基本上是无法改变的。我们要么具备它们，要么不具备它们。成长型思维论断则认为，我们的智力和能力并不是一成不变的，技能可以习得、表现可以改善，思维也可以转变。

如果我们拥有固定型思维，我们就会想要努力证明自己的智力能力。我们常常会逃避具有挑战性的情境，缺乏提升自己的动力；对于那些有助于我们改变的关键反馈，我们也不愿意接受；我们会把别人的成功视作对自己的威胁。相比之下，如果我们拥有成长型思维，我们就会渴望学习和成长。我们愿意迎接挑战，并敏锐地察觉到挑战能够教给我们的东西。我们乐于接纳别人的关键反馈，全力以赴，并相信通过勤奋和坚持可以取得进步。我们不会把别人的成功视作威胁，而会从他们身上得到启发，并努力向他们学习。

德韦克的研究充分说明，将自己定义为充满活力、随机应变的人，对我们大有裨益。相较于那些自我认知固化的人，具有这种特征的人往往更容易获得成功。这一点尤其适用于沟通领域。一项研究发现，那些认为自己有能力成长并积极改变的人在面对公开发言时会体验到更少的焦虑感，他们认为自己更擅长公开发言，对公开发言及其影响的思考也更为深入。

具备成长型思维的人认同"即兴沟通是众多学习机会之一"的观点。如果你在社交中持有这样的观念——自己并非完人，还可以变得更好——在沟通过程中，你可能就会保有更多的好奇心，全心投入并拥有更加开放的心态。如果交流并未按你的计划进行，你也不会倍感压力；你会将任何失败都视作练习技能和学习宝贵经验的机会。无须证明或验证自己的能力，你的压力就不会那么大，你也不会因此深受困扰。

通过采取一些措施，你可以让成长型思维在自己的生活中占据更加重要的位置（我强烈推荐阅读德韦克的书和观看她的TED 演讲，但不限于这两种方式）。想要拥有成长型思维并不断磨炼自己，你需要关注的是自己付出的努力，而不是自己获

得的结果。如果你已经为自己的 AMP（焦虑管控方案，第 1
章中已作讨论）投入了大量时间和精力，就给自己点个赞吧！
在社交场合中，记得提醒自己，你有可以贡献的价值，你也可
以从自己的努力中收获全新的见解。试着重复某句"咒语"来
达到这种效果，比如："我要讲的东西很重要，我也要学习很
重要的东西。"

当你试图艰难地进行有效沟通时，不妨采取德韦克称之为
"还没有"的态度。你有能力熟练掌握即兴沟通的方方面面，
你只是还没有做到而已。你可以设定切合实际的目标，并详述
实现目标的步骤；评估自己目前的熟练程度，并思考在短期或
长期内有可能实现什么样的成长。提醒自己，如果继续努力，
你或许可以取得自己孜孜以求的进步，即使进步缓慢，尽最大
努力这件事本身也是意义非凡的。

"还没有"的态度也可以引导你向自己提出一些有益的问
题，从而促使自己进步。如果你在问答环节不知所措，不妨
问问自己：我该如何提醒自己在问答环节进行深长的呼吸呢？
在问答过程中，我可能会受到哪些启发法的阻碍？ 我该用什
么"咒语"来提醒自己，问答环节是弥补"错过的镜头"的
机会？

在实现特定沟通目标的过程中，要把注意力放在你正在体
验的旅程上，而非你试图达成的结果上。把自己的目标想象成
需要跋涉的道路或需要攀登的山峰，可以使用诸如"过程"或

"冒险"之类的表述，让该过程更具开放性。记得做好笔记，定期回顾自己的想法和观察所得，时刻提醒自己去关注过程，尤其是你所经历的高峰和低谷。正如黄思绮（Szu-chi Huang）和珍妮弗·阿克的研究所示，使用"旅程"这一隐喻有助于促使我们为了实现某个目标继续做好相关的工作。

试试看

想出一种你想要训练或提升的即兴发言技巧，比如，回答问题、致祝酒词或从自己的错误中恢复过来。你可以采取哪些合理的措施来提升这些技巧？你如何集中精力、循序渐进地提升这些技巧？你已经采取了哪些措施？哪些进展顺利，哪些需要改进？你又可以向谁求助？

思维转变 2：
从关注自己转向关注听众

当我们认为即兴沟通情境可能对自己有威胁性时，我们就会将注意力转移到自己身上。我们会把自己困住，好像不得不竭尽全力证明自己，甚至到了非证明不可的程度。当我们着手去应对这些威胁时，我们所有的注意力还是在自己身上，我们会密切关注自己的一言一行。而当这样的我们把注意力分配给他人时，我们又会过度纠结于他们对我们的反应。

如果我们把注意力从自己身上转移到听众身上，我们就能打破这个怪圈并拥有"机会思维"。他们到底是谁？他们真正关心些什么？他们当下的感受如何？他们想从我们身上得到些什么，又需要我们为他们做些什么？通过思考这些问题，我们就能意识到，我们所处的情境实际上是一个机会，能帮助他人改善生活或增长经验。基于我们要讲的内容和我们对当下情境的掌握，通过自己的言论，我们可以赋予听众能量，增长其知识，使其受到教育、获得乐趣或倍受鼓舞。

斯坦福大学名誉教授、即兴表演专家帕特里夏·瑞安·马德森（Patricia Ryan Madson）指出，她在上即兴表演课时，告诉学生的第一件事是，即兴表演意味着"抛开自我。它需要你去关注现场的其他人，思考该如何与他们合作，以及所有人如何共同在现场创造出一些东西来"。她并不是唯一表达过这种观点的人。在我做过的所有播客采访中，嘉宾们最常提到的一点是，关注听众极其重要。如果我们把即兴沟通看作为他人提供服务的机会，并在这个过程中不断学习和成长，我们就会做得更好。这种心态的转变可以帮助我们减轻压力，让我们专注于追求更高的目标。

为了帮助我们做到以听众为中心，马德森建议，在走进房间的那一刻，我们就应该仔细地观察听众和周围的环境。"你要真正做到了如指掌，"她说，"并不是对自己的主题，而是对这次特别的相聚以及在这里发生的一切。"她指出，在正式的发言场合，研究听众所收集到的信息会让她调整早已计划好的发言。或许是因为美丽的现场布置令她惊叹，或许是她注意到了一些与她的听众有关的其他特征，让她情不自禁地想要评论一番。在即兴沟通情境中，认真审视现场环境同样有助于获取大量信息，包括观众的情绪、精神状态、好恶等。这些洞察可以指引我们去了解听众对我们的期待，思考如何才能最大程度地帮助他们。

试试看

下一次，当你参加会议、鸡尾酒会或身处其他可能需要即兴发言的场合时，一开始就可以花些时间观察一下周围的环境。看一看谁和谁在互动、房间里所有人的位置、哪些人容易分心走神、哪些人能够全神贯注、哪些人最容易被调动起来、哪些人任凭你怎样调动都会无动于衷，以及现场的整体氛围。关注一下环境的细节，比如照明、家具、温度等。当你意识到你收集到的海量信息能使你感觉更加轻松自如时，你自己都会感到惊讶。

在考虑听众这个因素时，不妨提醒自己，在大多数情况下，那些与我们交流的人是希望我们成功的。不论表面上看起来如何，很少有人愿意目睹别人经历社交尴尬。作为我们的听众，他们是最希望能与我们进行顺利、成功又愉快的互动的人。正如马德森所言："奥运会裁判会仔细审视比赛中哪怕最细小的失误，而观众和听众（无论是在演讲、会议还是表演中）是和你一模一样的普通人；他们会为你加油并向你学习。但我们总会忘记这一点，因为在面临即将到来的发言时，我们的大脑总会虚构出一些灾难性场景。"

想象一下，如果互换角色，你是听众，而别人是你——你会愿意看到某个人不知所措的样子吗？如果你邀请某人参加某个活动，为其安排一场会议，或者与其展开一段对话，你会希望对方无所适从或无法表达自己吗？当然不会。如果你是自己的听众，你想要听到些什么呢？你想拥有一段什么样的经历？你会发现哪些信息与我们的生活息息相关呢？

谷歌公司高管凯茜·博南诺（Kathy Bonanno）认为，在向演讲者提问时，大多数听众的愿望都非常简单，即与演讲者"共度美好时光"，这是一种直接与演讲者建立紧密联系的高度意识。在回答听众提问时，她会专注地享受这样的时刻。她说，这种心理技巧"真的让我放松了许多。我想的都是如何与他们互动，并建立联系"。从她收到的积极反馈来看，这一策略行之有效。

关注听众的体验并不意味着我们应该忽视自己，而意味着，如果我们能清楚地认识到该如何创造出一个美好时刻，我们在听众面前就会感觉更加自在。例如，如果某个朋友想要得到建议或反馈，你可以询问相关背景信息，比如对方希望得到什么样的回应，以及对方希望你考虑哪些具体问题。通过了解听众，我们可以更真实地面对他们，最终更好地为他们服务。如果能在上述方面努力，我们就能够摆脱防御状态，在我们与听众共同经历和完成的事情方面，我们将拥有更多可能性。

最后，就成功的要素而言，你需要考虑一下，对你来说，最理想的环境可能是什么样的。无论是哪种类型的照顾者，在照顾他人之前，都必须先照顾好自己。同理，我们也必须确保在任何时刻都拥有自己需要的东西，从而达到最佳沟通状态。Mindless 公司的销售副总裁维韦克·维努戈帕尔建议人们"拥抱自己心中的首席女歌唱家"。他指出，首席女歌唱家"知道自己需要什么才能表现得最好，而且她们有底气提出要求"。如果有人请你发表即兴祝酒词或致辞，如果你需要感觉到听众在专心听你讲话，那就友好地请他们放下手中的电子设备吧。如果你想让听众参与进来，就得让他们清楚，这并不是一次你说他们听着就好的单向互动。真诚直接地对待你的听众，你们双方都会拥有更好的体验。

试试看

想一想在不同场合中你最欣赏的发言者。哪些人是你听过的最好的演讲者，他们的优点是什么？你最喜欢的对话者和会议主持人是谁，他们的哪些行为最为吸引你？不妨列出一些策略和举措，并考虑在自己未来的即兴沟通过程中加以应用。

思维转变 3：
从"是的，但是……"或者"不！"
转向"是的，而且……"

惊喜来了——我要送你一份礼物！让我们再来玩一个游戏。这一次，你需要一个搭档。如果你在家，可以邀请你的伴侣、孩子或室友和你一起玩。如果现在是公司的午休时间，你可以邀请同事作为搭档。如果你正在独处，也可以向朋友发起在线呼叫。我想请你和你的搭档练习送给对方一份想象中的礼物。

先由你的搭档送你礼物。请他们伸出双手，假装递给你一个包装精美的大盒子，上面还系着蝴蝶结。你的任务就是假装接收礼物。你需要拿过盒子，打开它，看向盒子内部，然后说："哦，简直太棒了！谢谢你送我的（礼物名称）。"说出你脑海中最先想到的事物，把它假想为这份礼物。它可以是一个电灯泡、一块沐浴皂，甚至是一双臭气熏天的跑鞋。不论是什么礼物，你都需要感谢搭档的赠予。反过来，你的搭档需要当场解释自己为什么会送你这份礼物，他们也可以说出自己想到的任何理由。

你可以打开盒子，惊呼："哦，太感谢你送的乌龟了！"你的搭档也可以接着说："哦，是啊，我知道你一定会喜欢的，因为你从小就是《忍者神龟》的超级粉丝。还有什么礼物能比拥有一只属于自己的真乌龟更好呢？"可以看出，这个游戏中存在两种自发行为：一是对礼物进行解释说明；二是给出合理的馈赠理由。

接下来，由你扮演送礼物的人，再玩一次这个游戏。即使只是假装收到礼物，是不是也很有意思呢？无论是我做演讲时，还是在工作坊中，当我邀请听众一起玩这个游戏时，他们通常也都非常开心——他们或大笑或微笑，频频点头，乐在其中。他们真的在彼此之间建立了联系。

在我首次接触的众多游戏中，这个游戏直到现在依然是我的最爱之一。在像亚当·托宾和丹·克莱因这样的即兴大师手中，这个游戏可以带来各种各样非同寻常的时刻。我向你介绍这个游戏的原因有二。第一，它引出了本章的基本主题。如果我们将自己的失态或别人在当下向我们抛出的问题视为机遇和礼物，而非挑战和威胁，一切将会如何？难道这不神奇吗？难道这种体验不会更加有趣和引人入胜吗？难道这不会让我们与周围的人建立更加深刻的联系吗？

第二，这个游戏还戏剧化地展现了一种更为独特的思维转变，这种转变有力地支撑了"即兴发言是一个机会"的观点。在生活中，我们往往会抵抗别人强加于我们的想法。我们要么会直截了当地说"不"，要么会说"是的，但是……"。比如，"是的，这个主意似乎不错，但是你可能想要考虑一下这一点。"或者，"是的，我明白你的意思，但是我还是觉得你不对。"我们会习惯性地反对、批评或警告。

在这个游戏中，我们的做法与上述情况完全相反。我们认同搭档所说的话，而他们也同样认同我们的即兴反应。每个收到礼物的人都会赋予这份礼物某个奇怪的名称，而他们的搭档也会基于这个名称热情洋溢地做出回应。他们不会自责，说一些"我没有送你那个"之类的话。他们也不会说"是的，但是……"，而会说"是的，而且……"。

"是的，而且……"的概念是即兴创作的核心原则。我们会一步步地把自己从批判者的视角中解放出来，不再吹毛求疵，而会尝试去认同搭档所说的话，并根据对方说的内容继续发挥。运用这种方法时，不存在对或错的回应，只存在一个新的回应和下一个回应。对于每一个回应，我们都可以先说"是的"，然后再加上自己独特的回应。

"是的，而且……"这句话异常简单，却异常有力。在每天与别人接触时，你都可以使用"是的，而且……"结构，如此一来，你就会把每一刻都看作美好而又出乎意料的机会。"是的，而且……"的态度会促使你去倾听别人，这样你才能做出有效的回应（关于倾听，我将在第 4 章中详述）。你也会适度放弃对社交互动进程的控制，因为你不可能提前计划好每一步。你所能做的就是认真倾听并做出回应，然后延续对方的话题。你回应的每句话都创造了一个机会，让对话朝着全新又有趣的方向展开。

在即兴发言情境中，以下步骤有助于你保持"是的，而且……"的状态。首先，寻找双方具有共识的领域——即使你们之间存在冲突或正在谈判。然后，试着从双方的共识之处出发，在对话过程中不时地回到这些点上。你会发现，努力寻找共同点——说出"是的"——会帮助对方打开格局、效仿你的做法，从而让积极的互动方式生根发芽。

"是的，而且……"思维让我受益匪浅，使我能够游刃有余地应对许多极具挑战性的对话。一旦注意到双方有共识的领域，我发现自己就能够以一种全新且开放的方式重新组织讨论，从而产出更有创造性的解决方案。有一次，我帮助我的两名区域经理解决了是雇用培训师还是雇用客户支持人员的冲突。他们两个人就为什么应该为自己的团队聘用新员工争论了一番，我听完之后强调说，我们就自己最迫切的需求达成了一致——我们都想通过培训积极地实现客户支持，通过员工人数的增加形成合力，从而发挥全新的作用。

试试看

下次当你在与某人的谈话中感到紧张或产生冲突时，暂停几秒，在脑海中快速地列出你们的共识之处。一旦你想到了几条，就可以把谈话引向某个具有共识的领域，从而开启"是的，而且……"模式。

"是的，而且……"是一种非常有用的方式，它可以让你不至于立刻对某个观点做出判断。不要让你的第一反应决定你给出的反应，而要用"是的，而且……"梳理出潜在的逻辑。虽然一开始说出"是的，而且……"似乎很困难，但如果你了解了对方所传递的信息中的细枝末节，以及使其产生这种想法的背景，你的回应就会显得更为合理和自然。尤其要关注自己是否怀有偏见。我们经常会草率地评判他人，因此很容易在无意中掐灭他人想要表达的意愿。同理，当你打断他人，或对他们的建议迅速做出反应时，他们经常会产生被忽视和被看低的感觉。在我们的即兴演讲课上，亚当·托宾经常提醒学生，通过有意识地抑制自己评判他人的冲动，我们不仅可以敞开心扉接受新的想法，而且可以确保自己能够接受各种各样的想法和信息输入。

思维转变 4：
从纠结于已发生的事转向"下一场比赛"

帕特里夏·瑞安·马德森在她颇具影响力的著作《即兴的智慧》（*Improv Wisdom*）中讲到，斯坦福大学曾邀请她在一场毕业典礼上当着上千人的面进行朗诵，其中还有几位政要。排在她前面的节目是学校交响乐团的演奏。演奏一结束，就轮到她戴着帽子、身穿长袍上台，朗读该校创始人简·斯坦福（Jane Stanford）的一段话了。

活动当天，马德森等着交响乐团结束他们的演奏。在她以为演奏已经结束时，她站起来走向舞台，说道："接下来，我们要听到的是简·斯坦福的名言朗诵。"但令她非常尴尬的是，乐团又开始演奏了。马德森的话说早了，交响乐团要演奏两段乐章，而他们才演奏完第一段。观众哄堂大笑，他们看得出来她搞砸了。

在这种情况下，许多人可能会惊慌失措或目瞪口呆，但马德森没有。她回到座位上耐心地等待着。当乐团演奏完第二段乐章时，她又走上台，重复了她的开场白："接下来，我们要听到的是简·斯坦福的名言朗诵。"

马德森从这件事中学到了如何应对错误的重要一课：不要反复回想自己的错误，继续做接下来的事就好。"当你犯错时，"她说，"你的注意力应该放在接下来发生的事情上，而不是反复责问自己怎么就犯了这样的错。"如果你这样做了，你可能会发现，听众会非常欣赏你的勇气。"在我看来，所谓英雄，就是那些不会被任何事情吓倒的人。我给学生们的建议是，犯错并不要紧。能掌控一切，迅速让自己从错误中恢复过来才要紧。"

美国杜克大学（Duke University）大名鼎鼎的篮球教练迈克·沙舍夫斯基（Mike Krzyzewski），也就是人们口中的"K教练"（Coach K），他有一句名言为体育界所广泛使用，即"下一场比赛"。如果你在篮球比赛中投篮未进、在棒球比赛中挥杆未中，或者在足球比赛中拦截失误，你都应该迅速调整自己的思路，继续比赛。要专注于手头的任务，而不是刚刚发生过的事情。同理，如果你投中了一个三分球、打出了一记大满贯，或者传出了一个触地球，你也应该继续比赛。你的表现并不是一成不变的。为了做到最好，你应该试着把注意力集中在当下正在发生的事情上，不要让刚刚发生的事情分散你的注意力，不论它有多么可怕或者多么美妙。正如沙舍夫斯基曾经说过的那样："无论你刚才做过什么，都不如你现在正在做的事情重要。"曾经风靡杜克大学的球星、NBA 职业球员沙恩·巴蒂尔（Shane Battier）认为，沙舍夫斯基教给球员们的"下一场比赛"理念是"最简单却最具说服力的一课"。

　　就目的而言，"下一场比赛"理念主要告诉我们的是要做好准备，在机会出现时抓住它。但当我们纠结于过去时，我们就无法敏锐地觉察到当下的潜在可能性。但是，如果我们能够控制自己，无论刚刚发生了什么，都能迅速投入下一场比赛，那么，我们就可以"重新开始，明白是时候迎接下一个机会了，我们会精力充沛、准备充分、积极向上，并且一次又一次地前进"。

　　对我们中的许多人来说，转向"下一场比赛"的思维似乎令人望而生畏，因为从情感上讲，我们习惯了依附于过去的结果，而打破这种模式会让我们痛苦不堪。如果正在面临这样的情况，我们可以练习停留在当下，然后通过一个游戏来试着转向"下一场比赛"。这是一个即兴创作新手会经常玩的游戏，叫作"新选择"。表演者开始对某个情景进行演绎，在演绎过程中的任意时刻，游戏组织者会大声喊道："新选择！"表演者需要立刻放弃当前的情景或是刚刚做出的选择，重新开始表演，并说出自己能想到的任何对话片段。你也可以试着自己玩一玩这个游戏，用计时器计时，每隔一段时间响铃提醒，或者找一位朋友，请对方每隔一段时间喊出"新选择"。即使只玩几分钟，它也能让你轻松地放下手头的工作，继续前进。

下次身处某个需要即兴发言的场合时，即使一切未按计划进行，你也不要总是想着它。给自己留出片刻时间来感受情绪，然后重新集中精力，继续前进。泰伊·金（Tie Kim）是一名青年队义工教练，他是这个领域的佼佼者。他说，在职业生涯中，他也一直秉持"下一场比赛"的心态。他是一家非营利组织的首席财务官，经常需要在正式会议上发言，在回答别人向他抛出的即兴问题时，他偶尔也会笨嘴拙舌。尽管时有纠正自己说过的话的冲动，但他一贯的"下一场比赛"心态会让他放下刚刚发生的事情，继续自己的发言。因此，总体而言，他的表现会更好。

2018年，美国佛罗里达州帕克兰市的玛乔丽·斯通曼·道格拉斯高中（Marjory Stoneman Douglas High School）发生大规模枪击事件后不久，我进行了一次演讲，是关于听取不同观点和采纳不同视角的重要性的。我对自己的演讲主题充满激情，但一想到那些年轻受害者的故事，我就很容易分心。虽然已经列出了演讲提纲，但我还是卡住了，忘记了自己要说些什么。

后来，通过向听众说明此次演讲的目的，我才得以恢复。

我一生中的大部分时间都在帮助人们用知识武装自己，让他们能够分享自己的观点、感到更加自信，同时能让自己的观点被其他人听到。当时，就自己短暂的失误，我是这样解释的——说到这个话题时，我的情绪过于激动，以致无法自控。由于目标明确，即使是在演讲中最为尴尬而狼狈的时刻，我也能做到言之有理和一针见血。我承认在场的每个人都注意到我出了岔子，但我又把大家的注意力拉回了它们该去的地方——属于我们的"下一场比赛"中。

有一则著名的寓言警醒我们，不要过于迅速地评判自己或他人的失败或胜利。一个农夫得知他的一匹马丢了，邻居感叹他运气不好，他说道："也许吧。"当他的马带着几匹野马回来时，邻居们都在议论他的好运气，他又说道："也许吧。"后来，他的儿子在骑马时被甩了下来，受了伤，邻居们纷纷安慰他，他回应道："也许吧。"不久之后，这位农夫得知，儿子因为受伤而被免除了兵役。听闻这么好的消息，睿智的农夫又回应道："也许吧。"

我们永远不知道一件事或一句话最终会对我们的生活产生什么样的影响。看似消极的命运转折可能是因祸得福，而表面上的意外收获可能会引发难以察觉的不良后果。无论结果是好是坏，最好都不要将时间花在琢磨结果上，而应该将注意力集中在我们更重要的目标上。下次遇到挫折并开始胡思乱想时，我们可以告诉自己："也许吧。"然后，继续我们的"下一场比赛"就好。

试试看

在进入一个可能会让你处境为难的场景前，试着在纸上写下"也许吧"，并将这张纸放在口袋里。把它写下来的行为和把它放在口袋里的感觉可能会提醒你，暂停对自己所说内容或所做事情的评判，转向"下一场比赛"就好。或者，你可以在手机中进行设置，让它在预期的情况发生前五分钟给你发送一条"也许吧"的预警信息。

在劣势中找到优势

几年前，我在某公司担任团队负责人，老板告诉我，必须解雇十名员工，这一数字占了我直接下属人数的四分之一。这个消息令我大为震惊，我从来没有一下子让这么多人离开过。尽管我知道，受其他实力强大的公司的影响，我们公司的业务非常疲软，但就在一周前，老板还告诉我，我的团队无须裁员。我和大部分下属都是亲密的朋友，要把这个消息告诉他们简直太难了。无论从哪个角度看，我都是进退维谷。我和蔼可亲、善解人意和乐于助人的个人形象受到了严重威胁。

我别无选择，只能振作起来，与相关员工展开会谈。第一个和我谈话的是桑迪（Sandy），她是我的好朋友，也是我们东海岸团队的高级经理。她走进会议室时，我甚至感觉胃里翻江倒海。我担心裁员对她的影响，担心我和她是否还能做好朋友。我也担心，在这种情况下，我是否还能随机应变，尽可能表现得富有同情心。

关上身后的门时，我想到了一个主意。是的，不得不让桑迪离开确实糟糕透了，因为这会让她生活困难，甚至会让我怀疑自己。但在这样的情况下，我能不能竭力挽回某些重要的东西呢？如何谨慎地措辞并说明眼下的情况呢？就此我设想了多种可能的方式。是的，失业总是令人痛苦不堪、灰心丧气，但解雇补偿金中是否有什么值得一提的福利或资源，它们能否帮助员工，有助于他们开始下一步打算呢？我的员工朋友们感到恐慌无可厚非，但我能帮助他们消除恐慌，让他们开始下一步计划吗？

虽然桑迪在本职工作中非常出色，但我恰巧知道她真正的热情在别的领域。这些年来，她一直说想要辞职，她想启动一个面向弱势群体儿童的指导和辅助项目。在类似项目中，她已经做了一段时间的志愿者，而且乐在其中。她认为自己的工作是"一位充满成就感的导师"，是一处"庇护所"，她还一再表示自己想投入更多精力去做这件事，并将她在与大家共事时学到的技术和方法应用于其中。

我们坐下来后，我直截了当地把裁员的事告诉了桑迪。在给她几分钟消化时间后，我开始和她探讨公司在帮助她启动辅导项目计划方面的举措。我告诉了她公司将给予她的待遇，之后我们继续讨论了公司提供的其他福利，以及这些福利将如何在新的工作岗位上帮助她。我们有商有量地讨论着如何利用公司的教育成果帮助她设计新项目。

我们的谈话持续了大约一小时，这对她来说很痛苦，对我来说也很难过。不过，事情比我想象中进展得更顺利。桑迪离开时并没有感到绝望，她的表情中夹杂着对公司的愤怒和其他负面情绪，但她对未来的兴奋感也显而易见。离开目前的岗位对她来说确实很难，但她能将其看作自己职业生涯中一个可能的转折点，从而让她有机会继续从事过去一直在做的事情，而且是她真正热爱的事情。在随后的几个月里，桑迪启动了她的辅导项目，而且做了很多有益的事情。

从桑迪身上，我领悟到了接下来该如何与团队中的其他成员展开谈话。我承认并认同他们所感受到的痛苦，但我也尝试着强调眼前的机会。我确保自己能够回答有关裁员补偿政策中的所有细节，当我缺乏信息时，我也知道该如何引导他们。在大多数谈话中，我们都将时间花在了为这些团队成员讨论未来的可能方向上。之后，许多员工写信给我，感谢我把这个坏消息告诉了他们，他们对我处理裁员的方式感到非常满意。

我现在终于明白，我正是用到了我们在本章中所讨论的四种思维转变。通过将裁员视为可能的职业转折点，我提醒自己的团队成员，要如何定位自己才能实现进一步成长（成长型思维）。我没有纠结于开展这些对话将有多么困难，而是将讨论转向我的员工和他们的需求（关注听众）。当我和团队成员反复讨论他们未来的职业可能性时，我们能够认可彼此所说的话，并根据对方所说的内容做出回应（"是的，而且……"）。我没有让自己陷入对老板做出的决策的情绪反应和无尽失望中，而是推动自己继续前进，并希望与团队成员展开富有成效的对话。我还尝试着帮助他们，让他们不要总是想着已经发生的事情，而是把注意力集中在未来可能出现的可能性上（"下一场比赛"）。

与这些团队成员进行的对话是我经历过的最困难的对话之一。我认为这些对话中既包含预先准备好的部分，也包含即兴发挥的部分。老板已经指示我，不论用什么方法都要让这些员工离开公司，我不知道这些谈话将如何展开，但我预料到自己需要进行大量的即兴发挥。通过将挑战重新定义为机遇，我展现出了最好的自己，并让我的团队成员从中受益。我没有能力改变现实，但我至少可以通过提前准备和关注听众的需求来使它稍稍更容易被接受一些。

我们每个人都可以这样做，不仅仅是在这样的黑暗时刻，在轻松时刻也如此。我们可以专注于眼前的机会，解放自己，让自己更具创造力、更加快乐和富有活力，从而享受更多的乐趣。我想邀请你也尝试一下这种微妙但又至关重要的思维转变。摆脱防御姿态，使自己舒展开来。将自己的情绪与最终结果分离开，允许自己有所迷失，去享受一切可能出现的东西。

很多时候，美好又惊喜的事情会与我们不期而遇，但前提是我们要竭尽全力，改变自己的思维方式和采用的方法。调整自己对于控制和保护的需求，采取更为开放、好奇和从容的姿态，我们将为自己创造新的空间，使自己真实的个性熠熠闪光。我们为学习和成长开辟了道路——为了我们自己，更重要的是，也为了我们的听众。

练练看

1. 回想一下最近某个你不得不发言的场合。别人从你身上学到了什么？你所说的话对他们产生了哪些益处？以后在进行即兴发言前，你可以采取哪些措施来提醒自己，你可以为听众带来什么价值？

2. 在下一个即兴发言的场合中，问问自己，你与对方的共识之处何在。接下来，还可以问问自己，你不同意对方观点的原因何在。通过反思自己对这两个问题的回答，你将以更开放的心态使用"是的，而且……"结构。

3. 想想某个即将到来的需要即兴发言的场景。列一张清单，写下你认为该场景中存在的最大的机会。其中是否有让你感到惊讶或兴奋的部分？现在再列一张清单，写下你认为该场景中存在的最大的威胁。考虑到之前想到的各种机会，这些威胁是不是看起来没有那么可怕了呢？

第 4 章
学会倾听：什么都别做，站在那里就好！

有时候，什么都不说反而是最好的沟通方式。

　　说到沟通，大多数人的关注点都在说话本身上。然而，如果希望当下的沟通行之有效，我们必须学会倾听，密切关注听众的心理和情绪状态，并利用这些信息来调整我们的表述。弗雷德·杜斯特（Fred Dust）是《对话》（*Making Conversation*）一书的作者，也是 IDEO 设计公司的前高级合伙人和全球总经理，他亲眼见证了倾听的力量。2010 年，他有幸成为希腊政府高级成员顾问团队的一员。希腊政府在经济上遇到了大麻烦，正在想方设法寻求资金注入。官员们想到了一种可能的办法，即将曾被用作机场的一大片海边地皮出售给卡塔尔政府，由后者进行开发。希腊的高级官员们，包括总理和其他内阁成员，与包括杜斯特在内的所有专家举行了一次公开会议，就该交易是否可行公开征求意见。

　　对包括杜斯特在内的大多数顾问来说，出售土地是明摆着的事情，能轻而易举地帮助希腊避免有可能发生的破产。依当时的状态看，这片土地似乎并未给希腊增加多少价值，它只是一个废弃的曾用机场，到处都是垃圾。卡塔尔人准备用这片土地做一些有趣又富有成效的事情，希腊也能从中获得经济收益。

希腊政府似乎赞同这个办法，似乎已下定决心着手推进土地出售事宜。会议组织者也以为无须对该交易进行公开讨论，只需要走个过场——顾问们向希腊官员提议，他们应该出售土地，从而赢得公众对该计划的支持。

杜斯特已经准备好在会上对这一交易表示支持，并指出其合理之处。但随着谈话的展开，他注意到了一些有趣的事情。尽管希腊官员对该交易持肯定态度，但有些人的态度并不坚决，似乎有些模棱两可。官员们以要么隐晦，要么略显直白的方式表示，雅典人自古以来就有远洋航行的传统，骨子里与海洋有着千丝万缕的联系。这片土地是雅典周边最后的海滨地皮之一，而且由于该市早期的房地产项目都在其他地方，公众与海滨的接触已经减少，这意味着，一旦这片土地被售出，雅典将失去一些在文化和精神上都很重要的东西。"你可以看出来，并深切地感受到，这笔交易实际上令他们非常不安，"杜斯特说，"这相当于放弃了雅典的最后一块海滨地产。"

轮到杜斯特发言时，他当即决定放弃已经准备好的内容，而是明确指出，他觉察到希腊官员们对实施该计划感到非常不安。他并未直接告诉希腊人放弃这笔交易，但他指出对方存在矛盾心理，以及一旦交易获批，他们将要付出的代价是什么。这样做是有风险的，会场到处都是摄像头，他不想给希腊政府带来麻烦。据他回忆，发言时，他忐忑不安、心乱如麻，但他还是遵从了自己的直觉，说出了他认为官员们需要和想要听到的东西。

接下来发生的事吓了杜斯特一跳。中途休会时，几个魁梧的保安围住了他。杜斯特以为自己搞砸了，政府要送他出国。但后来首相走过来和他谈话。"他问是否可以和我共进晚餐，还说我说出了他和其他官员的心里话。"最终，希腊政府决定放弃将土地卖给卡塔尔人的方案。希腊官员仍然需要解决本国的财政危机，但至少在这件事上，他们觉得自己没有背叛自己国家首都的传统，他们也因此倍感欣慰。杜斯特具有敏锐的洞察力，他听出了希腊政客们真正想要表达的内容，从而随机应变，做出了真实的反应；不仅如此，此举还对听者产生了深刻又十分积极的影响。

在一些即兴场合中，我们常因未能捕捉到周围人所想、所感和所需的讯号，而在不经意间错失了很多机会。一般来讲，我们错失这些机会，是因为环境、生理和心理上的各种噪声。当时的环境可能异常嘈杂或者令人分心，致使我们无法倾听自己内心的声音，更别提关注他人的想法或感受了。我们的身体也会分散我们的注意力，因为我们会感到紧张、疲倦或饥饿，从而很难集中注意力。此外，心理因素也会影响我们。我们会评判自己听到的内容，或者演练自己接下来想说的话。我们固有的偏见或对自己地位的认知也会让我们忽视他人的观点，而只关注自己。

阻碍我们认真倾听的"三声"

- 环境（physical）噪声
- 生理（physiological）噪声（疲劳、饥饿和焦虑）
- 心理（psychological）噪声（偏见、评判和演练）

倾听的力量

我们已经意识到了对抗干扰和以听众为中心的重要性，这样才能真正与听众建立联系。我们必须倾听对方在说些什么、他们是如何表达的，以寻找帮助双方建立有效联系的蛛丝马迹。通过观察周围的环境，我们不仅可以关注人们的话语，而且可以探测到能够唤起他们深层情感、欲望和需求的非言语和情境信号。听众对我们所说的话或所做的事有什么样的反应？当前的社交环境对我们的互动产生了什么样的影响？我们所说的哪些内容能够引发共鸣，而哪些不能？对方发出了什么样的信号来表达自己此刻的感受？

尝试回答上述问题可以让我们的沟通更加有的放矢，也能让对方觉得我们所说的内容与其息息相关——我们在处处为他考虑，并且极具说服力。同时，我们也为自己创造了新的机会，它可能意味着建立信任、缔结新的关系，也可能会使当下的沟通更为深入，让我们深刻理解对方的观点，或者更有效地进行沟通。

学会倾听可以让我们发现以前并不知晓的信息或见解，并让我们以不同的方式更快地识别各种表达模式。乔治·沃克·布什（George Walker Bush）时期的白宫新闻秘书阿里·弗莱舍（Ari Fleischer）将这种倾听称为"耳濡目染"（osmosis）。他认为，当他开始眼观六路、耳听八方，不再局限于发布信息，而是不断地吸收信息时，他的工作就能完成得更为出色。他早就知道，希望自己在所有领域中都成为专家是不可能的，因为他每天都要面对大量不同的话题和政策。弗莱舍没有因为感觉准备不足而自责，而是专注地沉浸在各种言语和非言语信息中。遇到关于社会保障或国防等政策领域的新信息时，他会在脑海中记下并存储这些信息。他会在适当的时刻用到这些信息，比如在补充提问或表达观点时。实际上，他提炼出了自己的模式，他能将之前看到的东西与现在看到或听到的东西联系起来。"耳濡目染真的非常有用，"他说，"你能吸收的东西多得惊人，因为新闻秘书要面对的问题数不胜数，你最好（把它们全部吸收）。这样，当某个问题出现在简报室时，你就能够应付自如了。"

我的即兴表演导师亚当·托宾讲过一个故事，当时他在向一位公司副总裁推介一个新的电视节目理念。对方问他的第一个问题是，为什么他的节目不能是"一个科幻故事"。这个问题简直莫名其妙，不知从何而来，因为托宾从未想过推介一部科幻片。然而，他并没有因为觉得这个问题很愚蠢而置之不理。他调动了自己作为专业倾听者和即兴表演者的技能，靠近对方，问他为何会问这个问题。

这位副总裁告诉托宾，他之所以提出这个问题，并不是因为托宾的节目创意看起来像科幻片，而是因为他的老板一听到要制作科幻类型的节目就会感到紧张——后者最近尝试了三次这种类型的节目，均以失败告终。托宾事后反思道："这位副总裁这么做，实际上是在让我提供证据，然后他就可以带着这些证据去向他的老板推销我的故事。他解决了一个我之前根本不知道的问题。"通过花时间倾听并保持在场，托宾收集到了新的信息，无论在当时还是以后，只要遇到需要推销的情形，这些信息都能让他的沟通更加成功。通过仔细倾听，他为自己创造了机会。

倾听还能帮助我们与周围的人建立联系，从而创造新的机会。一项研究将参与者分成两人小组，一个人听，另一个人说。说者讲话时，部分听者收到了短信——其实是研究人员在故意分散他们的注意力。其听者没有明显表现出分心的说者表现得更为敏锐，展现出了更少的焦虑，也更渴望分享自己的想法。可以说，我们倾听得越多，就越容易在沟通中与他人取得进展。

随后，研究人员又对公司员工展开了研究，他们发现，"倾听似乎能让员工更加放松、更能意识到自己的长处和短处，更愿意放下戒备进行反思。"一旦允许更多信息流动起来，合作就会变得更加容易，我们就有更多的机会建立联系，我们的即兴发言打动听众的可能性也会增加。

相反，如果不认真倾听，我们可能会错失一些机会，有时甚至会导致新的问题，而我们与听众的交流也会变得不再和谐、缺乏理解、令人不悦。20岁出头时，我曾在一位著名的电影导演兼制片人手下实习。有一次，我参加了他与几位重要的日本电影界高管举行的会议。我非常熟悉日本的文化规范，所以我知道，日本的商务人士交换名片的方式要比美国人更为正式。在日本，第一次会见一位业务联系人时，应该双手捧起一张名片，垂目凝视名片，然后将它递给对方。名片接收方也会同样小心翼翼地双手接过，凝视片刻，然后将它放在面前的桌子上。

我的老板并不了解这种惯例。当几位客人给他递名片时，他像大多数美国人一样，将名片一叠，随意地放进了钱包里，然后坐下来开始开会。类似的错误在商务场合中司空见惯，但如果我们能敏锐地观察人们的即时反应，通常还是可以挽救局面的。但我的老板并没有做到。他并未通过其他人发出的或微妙或明显的信号察觉到自己犯了错——客人们正襟危坐、笑容牵强、沉默不语，安静的气氛极其尴尬。坐在离他不远位置上的两位客人对视了一下，眼神中满是困惑与不满。即使是像我这样的新人也能看出，刚才显然是我的老板的做法有失妥当。会议又持续了一个小时，紧张的气氛始终挥之不去，但我的老板似乎还是没有意识到。

在即兴场合中，我们都曾有过没有认真倾听对方的经历，并为此付出了代价。也许还没花时间征询团队成员的意见，看看某种方法是不是最佳解决方案，我们就在心里认定了某个想法。面对我们的重要他人[①]提出的问题，也许我们总是急于给出解决方案，而实际上对方只是想发泄一番，希望我们能够倾听。也许我们邀请某人出去约会是因为感觉对方似乎对自己有好感，而实际上对方只是表现得比较友好而已。如果我们能更多地关注别人真正想要传递给我们的信息，我们就可以避免许多日常生活中出现的或大或小的错误。

变得更加专注

在即兴发言情境中，我们如何才能更好地倾听呢？斯坦福大学讲师兼顾问科林斯·多布斯（Collins Dobbs）根据自己上大学时打篮球的经历创立了一个行之有效的“三步走”框架，用来应对与他人互动中的困难，他称之为“速度、空间和

---

① 即“significant other”，是心理学和社会学都关注的概念，指在个体社会化和心理人格形成的过程中具有重要影响的具体人物。——编者注

风度"。在极具挑战性的对话中，或是在我们与他人的任何互动中，我们都可以利用该框架引导自己认真倾听。从本质上讲，这个框架能让我们稍微放慢速度，思考一下周围的人可能在想些什么，从而唤起我们的直觉，让我们意识到正在发生什么。于是，我们可以更具同理心地倾听别人，实现更好的、更加可靠有效的即时沟通。让我们看一看，学一学，听一听吧。

第一步——放慢速度

生活迅猛地扑向我们，结果，很多人思考、讲话和倾听时也会速度很快。放慢速度、聚焦当下、全神贯注，我们才能更容易地接收到他人的信息，否则我们可能会错过它们。

曾任美国全国公共广播电台（National Public Radio，NPR）记者的德布拉·希夫林（Debra Schifrin）在采访别人时会使用一种技巧，叫作"精彩的最后一问"。采访即将结束时，她会问受访者，她是否遗漏了任何重要问题。有时，对方会马上做出回应，但如果对方没有立刻回应，她的反应出人意料——她会等待、再等待。大多数时候，受访者会告诉她，她没有遗漏任何问题。但希夫林会继续等待，让时间一秒一秒地过去。"然后，"她说，"他们会说出整个采访中最有趣的内容。"

希夫林的理论是，这段空白时间可以让受访者摆脱约束。实际上，她是在将对话的掌控权交给对方。这"为他们更有可能分享一些新东西创造了条件，或者说，谈话已经到了尾声，我们已经探讨了很多，而这样做让他们有机会提出一个自己的问题并得出答案"，这一点让他们喜出望外。

希夫林"精彩的最后一问"有力地证实了我们可以采取的第一个策略，以让自己在当下更好地倾听。正如希夫林的例子所展示的那样，放慢速度有利于表现出我们的兴趣和对对方的尊重。

无论是在谈话即将结束时，还是在其他任何时刻，我们都可以采取若干行动来放慢速度。当我们坐在别人对面时，可以把手机收起来；可以深呼吸几次；可以不断默念自己的"咒语"，比如"我和你在一起"或"这很重要，我要全神贯注"等。我们可以提醒自己，认真倾听有多么重要。

试试看

在与他人交流时，你可以练习停顿。想要更加得心应手地运用该策略，你可以先在低风险对话中或闲聊时尝试练习。

慢下来不仅仅是为了腾出更多时间，更重要的是，我们利用这段时间做了什么。我们必须积极主动地倾听，让自己的思绪平静下来，减少评判，从而更好地理解对方说出来的要点，如此一来，对方也能感觉到我们在认真倾听。学术专家将倾听比作"肌肉"，认为它"需要训练、坚持和努力，最重要的是，要有成为一名好的倾听者的意愿"。为了更专注地倾听，我们可以采用一些技巧，比如保持眼神交流、通过面部表情或点头告诉对方我们正在倾听、对听到的内容加以思考、提出一些开放式问题等。我们也可以尽量避免在自己注意力不够集中时进行谈话，而将其安排在自己能够集中注意力的时段。

培养和提升倾听能力要求我们关注自己与他人的非言语交流之中的细微之处。在海法大学（University of Haifa）任教的知名倾听专家盖伊·伊察科夫（Guy Itzchakov）告诉我，他认识一位伴侣咨询师，此人能根据来访者在咨询过程中的微妙反应对双方关系的动态变化洞察秋毫。通常，当夫妻中的一方（通常是男性）感到不舒服时，他的脚会朝向门的方向，这表示他想要离开。尽管他可能不会明说自己不舒服，但他的伴侣会有意无意地注意到这一点，这会使双方处于防御状态。他们会先后收紧身体——交叉双臂、后退一步，或者弓起背来，好让自己从视觉上变小。我们要对能够暗示他人感受的行为线索保持高度敏锐，同时也要注意到，自己的某些行为线索可能会让别人失去自我表达的欲望。

伊察科夫进一步指出，在非言语交流中，我们通常会走捷径。我们以为自己知道某个特定手势意味着什么，而实际上，这些手势可能是高度个性化的。"给对方留出更多的说话时间，"伊察科夫建议道，"不要害怕沉默。人们需要时间来进行深度思考。"当我们愿意花时间倾听时，我们就能仔细分析每个人在非言语交流中的细微之处。我们可能会发现，一个说话者的真实情绪与我们最初推断的有所不同。

我们在倾听时的心态也很重要。你可能像我一样，在即兴情境中，有时会试图解决谈话过程中突然出现的问题。你以为自己在认真倾听，但由于你抱着解决问题的心态，你就不会保持沉默，而会不时地插话并提出解决方案。相比之下，"一个抱着倾听态度的人相信，只有说话者才能解决自己的问题。"伊察科夫如是说。抱有倾听心态的人不会急于给出解决方案，而会通过提出问题、仔细听取对方的回答，并提出补充问题的方式帮助说话者找到自己的解决方案。可以提出的问题包括："你以前遇到过类似的问题吗？"以及"以前你会动用哪些资源来帮助自己处理类似的情况？"当我们有意识地抱有倾听心态时，我们就会成为别人眼中更好的倾听者。很多时候，我们往往就是不错的倾听者。

放慢速度以练习主动倾听，可以帮助我们在各种即兴场景中表现得更好。在商务晚宴上，如果经理让我们介绍来访的同事，我们就能理解其中真正的原因；在走廊里和同事聊天时，如果对方征求我们的反馈意见，我们就能了解她的真实目的；在聚会上与一位魅力四射的异性攀谈时，我们也能明白对方喜欢什么样的约会，或者对方真正想要的是一段什么样的关系。在所有这些即兴场景中，放慢速度都有助于建立关系，而告诉对方我们对他们所说的内容很感兴趣，也有助于推进接下来的对话。此外，我们还获得了一些关键的洞察，以帮助自己在当下做出恰当的反应。

试试看

观看一段别人的交流视频，关掉声音。注意视频中的人有哪些非言语行为？他们的眼睛看向何处？他们的动作或身体是十分舒展的还是异常紧绷的？他们的身体朝向哪里？所有这些提示和线索要么有助于彰显其意图，要么暴露了其真实意图。

第二步——留出思考空间

当硅谷资深设计师鲍勃·巴克斯利（Bob Baxley）向其他高管展示自己的作品时，他并没有把所有时间都花在讲解上。他强调要倾听，而且是多多地倾听。"我从来都不会立刻对他人的反馈做出回应，也不会马上进行重新设计，"他说，"我对自己团队的要求也是如此。别人说话时我们只需要认真聆听并做好笔记。之后，我们会整合各自听到的内容，并努力理解它们。"弗雷德·杜斯特采取的方法与他类似。当弗雷德听到的内容激起他内心的波澜，并有可能改变他固有的想法时，他会努力克制自己，好让自己有时间思考。"不要觉得自己非回应不可。"他说。

除了放慢速度，给自己留出空间去思考所听到的内容也有助于我们在当下更好地倾听，这意味着我们给自己留出了时间去接纳他人的观点。接下来，我们需要思考自己该如何反应，以及如何才能最大程度地满足他人的需求。

为了给自己赢得时间和空间，从而理解从别人那里接收到的信号，我们可以采取的一个方法是提出一些有待澄清的问题："你为什么会这样认为呢？这样做有什么作用呢？你还有什么想要告诉我的吗？"正如希夫林所言，提出问题这一行为需要我们鼓足勇气。请对方做出回应意味着放弃了对对方的控制，我们也因此会担心谈话结果。然而，这种做法可以让我们审视自己听到的内容，同时发出信号，让对方知道我们在专心倾听，从而帮助我们了解更多细节、获得更多见解。

试试看

在接下来的一天里，在三段你与他人的对话中，特意问对方几个有待澄清的问题。你的任务是让对方说出他们正在努力解决的问题、他们希望分享的感受或他们需要的信息。关注一下自己是如何获知更多细节的，以及当你无须立即回应时，你的压力是否少了很多。

我知道，提出有待澄清的问题很难，但我也知道这么做大有裨益。不久前，我为 75 位初创公司的创始人和高管讲授沟通技巧，其中一个人在休息时间找到我，主动向我提出了一些反馈意见。这位先生不喜欢我提供的材料和我展示材料的方式。他说我"做错了"，而且"教人们变得无聊"。

　　我一开始倾向于做出防御反应，或是礼貌地将他打发走，但我没有那么做。我试图留出一些空间来理解他到底在说什么。我说："你能说得更清楚点吗，为什么这么做会让听众觉得无聊？"

　　听他讲话的过程很痛苦，但我还是做到了。在思考他所说的话后，我明白了他并非心情不佳借题发挥，也不是在耍浑，而是出于好意，并真心地希望看到我成功。我的认知发生了改变，对他话中意的解读也不同了，而我也愿意更加认真地对待他所说的内容。他最关心的是我的材料的排列顺序。我在构建知识体系时力求富有逻辑、条理清晰，但他觉得我的方法过于烦琐且让人分心。他的反馈对我帮助很大，如果一开始我没有给自己留出空间去思考他的意见，我就永远都不会听到这些。此外，我还充分利用了他回答我问题的时间，从而让自己做出更恰当的回应。现在，当我讲到他认为"无聊"的内容时，我会提出一个问题，请听众亲自参与进来，引发他们的兴趣，让他们想要对我接下来将如何展开一探究竟。

　　除了提出有待澄清的问题，我们还可以采取第二种方法，即对我们刚刚听到的发言者所说的话进行释义，这有助于我们为自己留出思考的空间。释义不是对别人刚讲过的话"鹦鹉学舌"（比如"我听到你说……"），相反，它要求我们提炼出自己听到的交流内容的精髓。在特定情境中，这样做可以实现很多目的：它可以确保我们正确地理解某人的意思；它可以让我们感受到他人的情绪；它让我们能够将不同的观点联系起来；它可以向对方表明我们一直在倾听。在大多数情况下，它能让我们退后一步，去思考自己所听到的内容。

亚当·托宾指出，释义实际上是为了把当下的时刻延长一点点。他认为，清晰地表达自己对某人方才所言的感受——"'你好像……也在设身处地思考……'，这就像是在说，'好吧，在我们急着表达自己的想法或把事情弄清楚前，让我们在此处停留片刻。'"给自己一些空间可以让我们找到自己的方向，而不是草草结束谈话。

几年前，我受邀在自己任教的一所社区大学中推动一项战略规划倡议。时间紧迫，相关谈话有时会异常激烈。我经常会把个人发言或冗长的小组讨论意见释义为简洁明了的陈述，比如"成本问题听起来很重要"或"必须考虑实施时间"。我的释义不仅聚焦于议题，而且给我和其他参与者留出了一些空间和时间，让我们进行反思并考虑下一步行动。

不论是提问还是释义，其关注点都是别人刚刚说过的话。最后一种留出空间的方法是关注那些他们尚未说出口的话。我们可以对刚刚听到的内容进行评论，并通过询问说话人遗漏的内容的方式来澄清说话人的意思。如果有人给你提建议或当场提出批评意见，该策略非常有效。他们可能会指出你面前的机会，或是你所犯的错误，他们还会描述这将给他们团队带来的严重后果。你可以这样说："您说必须同时考虑到成本和时间问题。我没有考虑到这两个因素的相互作用，这对您和您的团队会产生什么影响呢？"以这种方式要求对方进行详细说明，你就可以挖掘出并反思说话人隐藏在表面之下的强烈情感。当你开始理解这些感受时，你可能就会更加明白，如何回应才是有效和有益的。

以下这种方法也有利于对话继续进行——就"我没听到的内容"进行提问。我所教的学生或我所指导的对象常常会因为需要发言而焦虑不已，他们会分享自己面临的挑战、恐惧和问题。虽然我通常会对自己所听到的内容表示认同，但在大多数情况下，我说的第一句话都是："虽然我完全理解发言这件事对你来说有多么伤脑筋，但你能分享一下曾经在不紧张的情况下成功发言的经历吗？"这个问题不仅能让对方意识到他们并非总是那么紧张，而且也给了我空间，让我去思考他们所说的话，这样我就能在当下做出更好的回应。

给自己留出空间的重要方法

- ◉ 问一些有待澄清的问题。
- ◉ 对你听到的内容进行释义。
- ◉ 对别人尚未说出口的话发表评论。

第三步——保持风度

几年前，我朋友约翰的祖母去世了，他的祖母是法国人，他非常爱她。祖母是他生命中极其重要的人，他想做一些特别的事来纪念她，以表达自己的悲痛之情。他的母亲告诉他，在祖母的葬礼上，初来乍到的教区牧师将为她致悼词，但这位牧师对祖母几乎没什么了解。约翰问母亲自己是否能够代替牧师发言，他觉得应该由一位深爱祖母的人来追忆她的人生，而不是一个陌生人。

葬礼前两天，约翰写了一遍又一遍悼词，精心构思，努力做到恰如其分——恰如其分的生平轶事，恰如其分的语气、结构、篇幅和语言。当他觉得自己准确表达了内心的感受，而且说了听众想听的话时，他很满意地把终稿逐字逐句地写在了小卡片上。高中时，他曾做过几次演讲，当着一群同学的面朗读讲稿。他相信自己的沟通技巧能帮助自己顺利完成此次任务。尽管如此，他还是有点焦虑，不知道自己能否表现好，因为他悲痛至极，而且他要在教会教堂如此正式的环境中、在牧师和社区中其他人的注视下完成此次演讲。

在祖母的葬礼上，听到牧师叫他的名字并邀请他致悼词时，约翰的心里七上八下。100多人坐在长椅上，其中还有很多约翰并不认识的人。在走向讲台的路上，他竭力想让自己平静下来。然而，当他走上讲台时，出现了一个大麻烦。他在自己的西装口袋里摸了半天卡片，结果什么都没摸到。他继续到处摸索，他的心怦怦直跳，气都憋到嗓子眼儿了，结果还是一无所获。

上百双眼睛盯着他，等着他开口。"有那么一瞬间，"约翰回忆说，"我想直接从讲台上冲下来。"但他没有。他望向所有的家人，他们的脸上满是悲痛与哀伤，他想起了自己的初衷——缅怀和纪念祖母的一生——于是他决定即兴发挥。毕竟，他想："我已经将写在卡片上的内容铭刻于心了。"也许他依旧能够准确表达自己想说的东西。

约翰尽己所能地回忆着事先准备好的悼词中的内容，穿插了一些当下的感受，还根据对观众反应的观察增添了一些即时性的思考。有一刻，观众似乎在座位上来回移动，他意识到自己有点离题太远，赶紧切换了话题。还有一刻，他看到某位家庭成员的脸上泪水涟涟，他也如鲠在喉。他告诉自己这种情况是情有可原的。每一次，他都想方设法调整情绪以使自己回到正轨，他做到了。"我知道自己的表达并不完美，但我百分之百地表达了自己的真实感受。我讲话时并没有盯着自己略显潦草的字迹，而是望向其他至亲的脸庞，他们的脸上满是泪水与微笑。"

约翰无意中进入了一个即兴发言的场景，通过认真倾听，他充分利用了这次机会。他捕捉到了在场其他人的情绪，并注意倾听自己内心的声音，这个声音告诉他不要仓皇而逃，而要相信自己，随机应变。在发言时，他继续关注自己内心的声音，遵循它的指令，对周围人的反应做出回应。

一走下讲台，约翰就知道自己的悼词深受听众喜爱。一些亲人向他投来了感激的目光。当他落座时，母亲和姐妹们伸出手来拥抱他或是紧握着他的手。他的发言是即兴创作的，而不是事先严格计划好的，而且他在讲话时既注意到了别人的情绪，也倾听了自己内心的声音，因此他的悼词显得更加真实和有意义，虽然它并不完美——事实上，也正是因为它并不完美才能如此真实和有意义。

在即兴场景中，倾听的过程中存在一个悖论。想要表现出色，我们不仅需要密切关注他人，而且要注意自己头脑中那些小小的声音，即我们在与他人交流时内心中的那些对话。人际关系专家大卫·布拉德福德（David Bradford）和卡罗尔·罗宾（Carole Robin）指出，要与他人建立良好的关系，我们必须"用两根不同的天线接收两种不同的信号"，一根是内在的，另一根是外在的。他们认为，无论我们何时与人交谈，其实都在进行两种对话：一种是我们与他人的对话，另一种是我们与自己的对话。这两者都需要我们的尊重。

我们常常认为，在倾听别人讲话时，我们必须把注意力完全集中在他们身上，如果不这样做，我们在很大程度上就是糟糕的倾听者。我们还认为，当我们有了自己的感觉和判断时，我们应该消除或抑制它们，假装它们不存在。但如果我们展现出一点风度，允许自己内心的声音被听到，我们在即兴情况下就会做得更好。当然，我们不应该让自己的感觉和判断占上风，不重视从别人那里听到的东西，但是我们也不应该完全忽略或轻视这些感觉和判断。

在借鉴以往的经验时，我们应该认同自己的感受，即使我们并不以它们为荣。我们应该最大程度地审视自己的感受，尤其要注意自己的行为模式，思考自己为什么会有这样的感受和想法。当我们内心的声音特别令人信服时，我们应该高度重视它并采取行动。在谈话中，我们经常会说"这不太对劲"或"肯定还有别的事"。作为回应，我们应该下定决心采取后续行动，比如提出更多的问题、重新思考自己一开始的反应，或者结束谈话。对自己展现出风度意味着给予自己反思的空间，然后在接下来的每一分钟里，让这些反思重塑我们的行为。

你要有意识地寻找机会来表达你在与他人互动的过程中可能感受到的情绪。在接下来的三次实质性谈话中，不妨挑战一下自己，至少通过插一两次话的方式表达自己的情绪。你可以这样说："你知道吗，我觉得你说的内容非常有趣……"然后再尽己所能进行详细说明。将自己的情绪外化可以让你养成更强烈地关注和倾听自己内心声音的习惯。这样做实际上是在训练自己去感受更多、分享更多。

通过倾听了解需要做什么——然后行动起来

在 2008 年的一次 TED 会议上，英国广播公司（British Broadcasting Corporation，BBC）正在拍摄一场小组讨论，但由于技术故障，会议暂停了。主持人是英国广播公司的一名电台节目主持人，他努力地填补着这段空当时间，但气氛有点尴尬。观众席中突然有人说话了。观众最初觉得这个人显然是在捣乱，但他其实是在以自己的方式"救场"。据当时在现场的人回忆，他"开始大声讲话，就好像在进行实时新闻播报似的，还戏谑说他正在 TED 现场报道，但'一个词都听不懂'，而且他'搞不懂为什么这样一场技术会议会状况百出'。"

此人不是别人，正是喜剧界传奇人物罗宾·威廉姆斯（Robin Williams），他急于并乐意挽救场面。此举引发了活动组织者极大的兴趣，也让他们感到极为宽慰。

威廉姆斯信步舞台，即兴逗乐，他连珠炮似地抛出了好几个笑话，且涉及面广泛，包括物理学家斯蒂芬·霍金（Stephen Hawking）、谷歌公司等。威廉姆斯的即兴发言风趣横生，活动组织者甚至走上舞台，问他次日是否可以再来演讲。

面对如此意外的情况，威廉姆斯挺身而出，在技术人员想办法解决问题之时，他也在想方设法取悦观众，填补空当。他是如何成功做到的呢？显然，他是一个喜剧天才，并不惧怕在公众场合展现自己的个性，而他所运用的技巧也适用于我们每一个人。故障发生时，他就在现场而且注意到了。他不仅意识到自己有机会挺身而出，而且关注到了其他观众的情绪和感受，通过讲笑话吸引他们的注意力，或是对他们加以调侃。他显然是在迎合周围人的需要和愿望。

我们都可以效仿他的做法。如果我们能将前几章中传授的经验牢记于心，学会控制自己的焦虑情绪，抑制追求完美的冲动，把即兴发言的情境视作机会而非威胁，我们就都能在即兴情况下进行良好的沟通。但是，除非我们像关注自己一样去关注他人，否则我们无法真正与他人建立联系。我们可以在自己的大脑中创建持续性的对话，探讨自己从别人那里获得的信息和内心的声音告诉我们应该做的事情。除非我们认真倾听、全方位地领会每个词的含义，否则我们根本无法创造出、体验到或是表现出威廉姆斯当天呈现的那种完美交流。这意味着，在即兴沟通中，我们应该保持节奏、留出空间并展现风度。

练练看

1. 既然你已尝试过通过提出一些澄清性问题来为倾听创造空间，那就提前准备一些问题吧。例如："您能提供一些更加具体的细节吗？""您能就这一点分享一些您的经验吗？""这将如何应用到您目前的工作中呢？""这对您和他人有何帮助呢？"提前准备好问题有助于缓解你当下的压力。

2. 想要练习释义，你可以亲临现场，也可以通过播客或其他采访聆听别人的演讲，并告诉自己："此处的核心要点是……"反复练习，让自己习惯于提炼要点。如果有可能，你或许也希望偶尔和说话者确认一下，自己对其所述内容的释义是否准确。

3. 花几分钟时间问问你信任的人，你最近的倾听能力如何。他们认为你的倾听能力有多强？在特定时间内或特定环境中，你的倾听能力是会更好还是更差？某些特定话题是否会分散你的注意力，或是让你急于插嘴并表达自己的意见？你听到的内容和说话者想要表达的内容之间是否经常存在脱节现象？如果倾听问题确实是你们的关系中的一个问题，看看对方是否愿意定期与你沟通，给予你更多的反馈意见。

第 5 章
组织安排：组织即兴发言内容

在即兴发言时，拥有路线图不会让你陷入困境，反而会为你解除束缚。

　　每个人都有自己的特殊才能。有些人会卷舌头，有些人能稳稳地骑独轮车。我也有一种不可思议的能力——在聊得高兴时可以直线倒退。该能力得益于我上大学时担任校园导游的经历。我当时穷得叮当响，这份工作是我能找到的报酬最高的工作。我领着一群家长和有志报考斯坦福大学的学生日复一日地在校园里四处游走，我会一边指向一些不容错过的景点，一边缓慢后退，以防绊倒或撞到任何东西。

　　边说话边后退的技能在今天看来似乎没有多大用处（尤其是我们现在的大多数交流都是在线的），但是担任导游的经历在其他层面令我受益匪浅。我从中学到了很多，也许最重要的是明白了结构在交流中的重要性。在为期三个月的训练中，我的指导教师向我灌输的首要原则是"绝不能带丢你的旅行团"。为了确保我不会犯错，老师训练我学会明确目标以及为访客提供明确的路径或方向。换言之，他们教会了我，一定要以有组织的方式带领访客参观。

我学会了如何成为一名优秀的导游，而当你在为某场重要谈话做准备时，我的经验也可以帮助你改变某些想法。是的，你没看错：事实上，我们可以为即兴交流做一些准备。到目前为止，我们已经在本书中讨论了如何轻松自如地进行即兴发言，以及如何专注于当下并对听众做出回应。但我们也可以提前采取一些措施，这并非让你预先规定所有互动或是记住自己要说的话，而是为自己设立某些界限和习惯，以增加自己在即兴沟通中成功的概率。我们可以采取的最重要的措施之一就是考虑结构并对要传递的信息进行设计。

开始带领访客参观时，我不会直接说："嗨，我是马特。我们走吧。"接着开始分享自己感兴趣的任何信息。相反，我在一开始就会向访客概述我们要去的地方，并由此引出那些我们不会参观的地方。在这个过程中，我会回答一些常见问题，比如参观耗时多久，以及我们是否会在中途休息等。

通过在一开始就勾勒出一个基本的路线图，然后按计划执行，我不仅让访客和我相处得更加轻松，而且使他们更加放松、更聚精会神，从而能更好地理解我讲述的内容。如果访客不知道接下来会发生什么，他们的脑海中可能会有一个小小的声音持续表达着对接下来行程的好奇。在行程一开始就设定预期也有助于我和我的听众更多地关注细节。

当我们在各种各样的环境中向他人表达自己的想法时，如果一开始就遵循一张路线图或一种结构，并以某种方式明确地表达出来，我们就会做得更好。就像带团旅游一样，这样做能提前提醒我们的听众接下来会发生的事情。回想一下你上一次看到别人发言时闲话连篇或写作时东拉西扯的情景。你有什么感受呢？你能否全身心投入？他们传递的信息清晰吗？还是你很快就失去了耐心，心不在焉，或是置若罔闻呢？

很多人都能理解，在正式演讲中，安排好结构大有裨益。既然我们有时间计划自己的发言，就一定要确保我们能以合乎逻辑的方式呈现自己的想法。但即兴沟通大相径庭。当我们被要求发言并感到为难时，我们能做的就是保持冷静，评估一下周围人的情绪和精神状态，想出一些不会令自己感到尴尬的话语。这是在即兴发挥，一切全凭感觉，所以我们怎么可能把某个结构应用到自己想说的内容中，何况还要设定预期，让周围人理解我们所说的话呢？更重要的是，我们这么做的目的何在？一时兴起使用某个结构似乎会将我们带离当下，我们的反应似乎也会变得不那么流畅和有效。

其实，结构并不会阻碍即兴沟通，它只会起到促进作用。那些才华横溢的爵士音乐家在即兴演奏时，也不只会演奏突然出现在他们脑海中的任何随机音符。他们的确会即兴创作，但都是在非正式的、预设的音乐结构范围内。爵士音乐家们通常会学习标准乐曲的准则，借助其旋律与和弦建立即兴创作的结构。通过事先了解乐曲结构，音乐家们能即兴创作出比乐曲的基本和弦更动听的乐曲，也有可能只是参考其旋律。预设结构的存在让爵士音乐家更容易进行即兴创作，因为他们会在某些基本参数或规则的框架内创作，而且他们可以以此为起点创作一些具有原创性和即时性的作品。乐曲结构也有助于使听众明确定位，让他们有逻辑可循，避免爵士乐听起来显得乱七八糟。

类似的方式也会对儿童玩耍的过程产生影响。正如游乐场设计师梅根·塔拉罗夫斯基（Meghan Talarowski）所言，孩子们在玩耍时需要自由，但他们也需要一定的结构。"如果只有一块石板，"她说，孩子们可能会玩得更加激烈。他们"会把对方当作玩具，因为没有什么其他东西能够激发他们的想象力，也没有什么东西可供他们借鉴"。在设计游乐场时，塔拉罗夫斯基会努力构造一个基础的"开心玩耍的框架或舞台"，在这个框架或舞台上，孩子们仍然有很大的自由去发明创造和自主探索。这个框架可以是特定的游戏设备，比如开放式的网状结构——孩子们可以用自己的方式在里面快速移动，也可以是滑梯——孩子们可以即兴选择他们滑下的方式。同时，还需要有逻辑地对游戏元素进行排序或布置，让孩子们有新的发现，并在纵横游乐场时获得惊喜感。

为了更容易地建立结构，我们可以以爵士音乐家为榜样，提前用一些通用的、简单的路线图来武装自己。在日常情境中，这些路线图都可以帮助我们，让我们不至于劳心费神地提前为某个可能不期而遇的场合写讲稿。如此一来，不期而遇的场合真的出现时，我们就可以调用相关结构，并且毫不费力地利用它来增强自己的沟通能力。

提醒自己：清单不等于结构

当我向客户和听众提到结构时，有一些人会把它与罗列信息混为一谈。这些人以为，只要把自己想说的话按要点列出来或做成幻灯片，就等于拥有了一个结构。

请不要误解我的意思：列清单益处多多。去杂货店购物或者确定谁淘气谁听话时，一张清单就可以帮你完成任务，但在涉及即兴沟通时，清单不足以成为一个成熟的结构。它们无法帮助我们更好地做出回应或者传递更具说服力的信息，它们只是清单而已。

我对结构的定义是：一种叙事或故事，能富有逻辑地将观点彼此联系起来，并将它们组织成开头、中间和结尾。在即兴情境中，如果只依赖于清单中的内容，你就会错失重点。国际演讲会（Toastmasters International）的高级教学设计师休·斯坦利（Sue Stanley）对此表示赞同。"任何成功的演讲都离不开结构，"她说，"不论是不是即兴演讲。你的发言必须有开头、中间和结尾。你必须知道自己将从哪里开始、在哪里结束。"

当你将结构视为对各种元素富有逻辑的叙述性发展时，就会发现它无处不在。大多数流行歌曲都是围绕着相对较少的常见结构之一展开的。我们所熟知的"ABABCB"型结构，都是以引言（A）开始，继续至歌曲的副歌（B），返回另一段（A），回到副歌（B），然后进行到间奏或过渡部分（C），再回到副歌和结尾（B）。诸如蒂娜·特纳（Tina Turner）、电台司令乐队（Radiohead）和凯蒂·佩里（Katy Perry）等艺术家的热门歌曲都遵循这个结构，它们在展开时都极富逻辑性，开头、中间和结尾也都非常清晰。

电影、小说和其他文学作品也都会遵循一些共性结构。例如，西方文学作品中常见的一个公式是"ABDCE"：先描述某个行动（Action），接着讲述背景故事（Backstory）、发展（Develop）角色之间的紧张关系，紧张关系持续增强直至高潮时刻（Climactic moment），然后在结尾处（Ending）解决问题。如果你遵循这样的结构来阅读某个故事，你就不会觉得这些事件是凭空冒出来的，而是按照一定的逻辑性展开的。

法律论据通常是根据一个叫作"IRAC"的结构展开的。首先需要讨论手头的问题（Issue），然后提出可能适用的相关法律规则（Rule），接下来利用规则进行分析（Analysis），并将其呈现出来，最后得出结论（Conclusion）。在推销产品时，销售人员通常会遵循一个叫作"问题—方案—益处"的结构。首先，你要指出客观存在且会影响到你的受众的某个问题或痛点。其次，介绍你的产品或服务，并讨论解决方案。最后，指出客户如果购买该产品或服务将获得的益处。下次观看电视广告时，如果关注一下其中流动的妙思，你很有可能会看到"问题—方案—益处"结构在发挥作用。本书第二部分将对该结构加以详述。

试试看

花几分钟想一想你最喜欢的书或流行歌曲，看看它们是如何做到行云流水般展开的。你能找出其内在结构吗？温馨提示：你可以听一两场 TED 演讲，看看是否能够识别出演讲者正在使用的路线图。

吸引听众的注意力

叙事技巧在交流中的作用为何如此之大？作为一名演讲者和演讲教练，我发现精心组织自己的演讲至少有四个好处。

首先，正如我所言，将信息组织成一个合乎逻辑的故事有助于保持观众的注意力和兴趣。除了预告内容走向，组织安排故事结构还有助于将不同观点联系起来或在它们之间实现转变。"有些东西能够推动故事的发展，"教育历史学家大卫·拉巴里（David Labaree）评论道，"有一条线会引发你的兴趣。单纯的逻辑论证更像是各个观点之间的博弈，但如果你能把它们编成故事，你就更有可能吸引观众。"

担任导游时，我发现如果我没有将旅行团去过的地方和接下来要去的地方联系起来，旅行团成员就可能会迷路。他们可能会离群走散——要么是因为他们对所见之物感到好奇，想要逗留片刻；要么是因为他们无法理解参观某个景点的意义所在，从而注意力分散；要么是因为担心接下来的行程而无法集中注意力。即兴发言也如出一辙。如果不在各个观点之间搭建起清晰的桥梁，观众就会"离弃"我们，转而去玩手机、和朋友聊天，或者睡大觉。

在不同观点之间切换时，有些人会用到诸如"接下来""因此"之类的词。但这不足以形成清晰的叙述，也无法将他们想要分享的信息富有逻辑地整合在一起。然而，遵循某个结构时，往往仅靠一个句子，我们就能在明确的观点之间建立联系。例如，如果我们使用"问题—方案—益处"结构，可能就会实现这样的转变："既然我们对手头的问题有了清晰的理解，请允许我来说一说我们将如何通过一项简单的投资解决这个问题"；或是"一旦我们开始投资并追加投资，我们就能降低成本并节省时间。"

回顾前面说过的话，然后预告接下来的内容，往往是最好且最有效的过渡技巧。该做法建立在我们一开始构建的整体逻辑框架之上。请注意，在开始即兴发言时，我们也不一定要把整体结构讲得明明白白，微妙的结构处理依然可以使我们从中获益。在著名的演讲"我有一个梦想"中，马丁·路德·金（Martin Luther King）就采用了"问题—方案—益处"结构，但很多人都以为这次演讲的大部分内容都是即兴而发的。他在向听众发出呼吁时丝毫不显刻意，而会运用类比和其他修辞手段，巧妙地从一个话题转移到另一个话题，有条有理，一气呵成。

总之，无论发言是长是短、是即兴非即兴，在一开始就为听众提供某种形式的路线图绝对没错。以故事结构为框架来思考自己想要表达的内容是一个行之有效的方法，它可以帮助我们组织自己的观点——即使是在众目睽睽之下。

增强"黏性"

就结构而言，第二种有助于即兴发言的方式是帮助我们自己和听众记住重要的信息。记忆信息对人类而言是件苦差事。我们几乎无法同时记住七个以上不同的数字，在记忆复杂概念时，我们的表现可能更糟。我们的大脑天生就会忘记我们所经历的大部分事情，过滤掉这些之后我们才能记住重要的事情。遗忘"可能是大脑的默认模式"，某位撰稿人曾这样写道。我们往往会记住事件的本质或要点，而不记得细节。科学家们将这一现象称为"褪至要点"，这一说法颇具色彩感。

然而，我们的大脑天生能够寻找、享受、创造并记住结构化的叙事或故事。事实上，科学家们常把我们回忆很久之前发生的事件的能力称为"情景记忆"（episodic memory），因为我们在记忆信息时，常常会将其看作情节或故事。正如神经科学家大卫·伊格曼（David Eagleman）所言："我们精心设计故事，是为了探究那些对于大脑非常重要的东西。"为了描述故事的强大力量，伊格曼提到了《星球大战》（*Star Wars*）原版电影结尾处的一幕——卢克·天行者（Luke Skywalker）不得已将炸弹扔进超大型战舰死星（Death Star）内部的小洞里，将其炸毁了。"这就是故事之于我们大脑的意义，"他说，"它是一个能够左右我们的舷窗，让我们产生'哦'的感觉，让我们欢笑，让我们哭泣，让我们理解他人的观点，或者至少把我们朝那个方向推进。这才是神经科学最重要的地方，它告诉我们如何去做、如何沟通、如何吸引他人。"

通过将沟通内容按照逻辑顺序组织安排为包含开头、中间和结尾的结构，我们就做好了使信息被自己和听众注意到并记住的准备。有一项研究对在课堂上做演讲的学生进行了调查，结果发现，只有少数人会用讲故事的方式进行演讲，但他们的同学们认为这些故事远比统计数据更令人难忘。演讲后的调查结果显示，63% 的学生能够回忆起演讲中的故事，但只有 5% 的学生能够回忆起演讲中的数据。

故事不仅能让我们在抽象的推理或逻辑层面与听众建立联系，而且能让我们在情感层面与听众建立联系，这反过来又能帮助我们更好地记忆信息。在思考叙事的力量的神经学基础时，斯坦福大学的神经学家弗兰克·隆哥（Frank Longo）说道："如果我的故事能触发你的某种情感，除了把它记得更清楚，你还会觉得它非常有趣，而情感能使主管注意力的大脑回路更加活跃。因此，如果我很擅长讲故事，我就会想办法唤起你的注意力回路和记忆力回路，其中有一部分可能是通过情感成分实现的。"与单纯罗列清单不同，讲故事的方式有助于建立情感联系，因此它甚至有可能改变我们的听众——改变他们的想法、抚慰或振奋他们的心灵，并激励他们采取行动。正如行为科学家珍妮弗·阿克（Jennifer Aaker）在沉思后所言，"特别擅长讲故事的人将成为最出色的领导者"，这正是因为他们同时激活了听众大脑中理性的和情感的部分。

结构不仅有助于加深我们的记忆，而且可以使我们的交流得以传播。作为一名资深沟通顾问，雷蒙德·纳斯尔（Raymond Nasr）的客户都是科技行业的知名人物，他经常帮助企业家们筹备与风险投资人之间的关键会议。在会议上，这些企业家都会为自己的企业争取投资，他们通常还需要介绍个人经历和创业经历。纳斯尔给他们的建议是，在讲述自己的背景信息时，不要将它们看作互不关联的一系列事实，而要精心组织自己的讲述，将它们安排为包含清晰的开头、中间和结尾的结构。他认为，他们的故事应该突出一种能够推动事件向前发展的强烈紧张感，结尾处应该体现出某种情绪宣泄，给人一种事情得以解决的感觉。

纳斯尔解释道，采用叙事结构的最大好处之一是"可重复性"。通常，与企业家会面的风险投资人并不是能够最终决定是否为该企业提供资金的人。此人回到公司后会向其他人推荐该企业。如果企业家的故事经过精心编排，就很有可能与听众形成黏性，反过来，这些听故事的人在重述这个故事时也会更加容易，从而形成他们与自己听众之间的黏性。纳斯尔认为，久而久之，某个故事在听众中的可重复性"将一则单纯的叙事变成了'神话故事'，因为它会被一代又一代的人重复讲述"。

最好的故事不只会简单地传递信息，它们还充满意义、有启发性、激励意志。在故事的讲述过程中，简单的交流也被赋予了自己的生命。有谁不希望自己的即兴发言具备这种影响力呢？反正我是希望如此的。

试试看

下次你需要说服别人去做某事或进行思考时，试着采纳纳斯尔的建议，将你想说的话组织成一个有清晰开头、中间和结尾的叙事结构。在工作中，当你尝试说服老板和同事采取某种行动时，或者在家中，当你十几岁的孩子不听管教，而你想改变他的行为时，都可以尝试这种方法。在讲故事时，要用明确的问题开头，在中间通过紧张的气氛增加风险感，然后用一个令人难忘的结尾来解决问题。这将有助于阐明你想要表达的观点，而且会让听众难以忽视或遗忘它。

使听众更容易理解

除了帮助人们更充分地参与沟通、记忆得更清楚，遵循特定结构的第三个好处在于——它可以让我们更容易地处理信息。在某种程度上，这是因为我们明确地向接收者发出了有关我们所使用的结构的信号，让他们在接收信息时能更好地适应。在为本书搜集资料的过程中，我与米卡·卡罗尔（Myka Carroll）有过交谈，她是"傻瓜也能上手系列"（For Dummies）品牌的编辑总监，也是《纽约城市指南》（*New York City for Dummies*）一书的作者。如她所述，该系列图书非常受欢迎，它们都遵循着清晰明了的格式，其中就包括为读者提供的提示和路标。该系列图书的目标是帮助读者完成一个被称为"寻路"的过程，该术语来源于徒步或冒险，"它也适用于寻找信息的过程，因为在这个过程中，我们也会根据学习旅程中已知和未知的东西尝试'定位'自己"。在即兴情境中，听众也会"寻路"。如果你能让听众在纷繁复杂的内容中轻松找准自己的定位，他们就能更好地理解语境信息，并对其进行处理。

根据认知神经科学的研究，在沟通时对听众加以引导非常重要。学者们喜欢谈论"处理的流畅性"，即信息在大脑中编码的容易度和顺畅度。我们的大脑在处理随机收集的信息时并不是毫不费力的，采用某个结构有利于提高大脑处理信息的流畅性，因为我们不必费力去理解某些单独的信息。正如神经学家约瑟夫·帕维兹（Josef Parvizi）进一步指出的那样，在很大程度上，讲故事相当于在我们的脑海中创造一些心理形象，而大脑处理这些形象的速度远快于处理抽象概念的速度。"这就好比你会选择开保时捷而不是骑自行车。"他说。当你想要传递信息时，你会更愿意采用哪种方式呢？

试试看

与朋友分享你最近参加过的两场活动。先列出每场活动的特征，再利用"对照—比较—结论"结构强化你的信息（先思考两场活动的相似之处，接着是不同之处，然后再根据分析得出一些结论）。如果没有使用这个结构，你的回应在哪些方面可以比使用这个结构更为清晰？

也让自己更轻松

如果结构会影响受众对我们所传递的信息的看法，那么它也会影响我们自己的思维，这是结构的第四个好处。作为发言者，我们所选择的结构决定了我们对自己想说的话的看法。想象一下，我们在大学里上文学课，教授突然询问我们对本周指定的阅读作业——莎士比亚的戏剧《暴风雨》（*The Tempest*）有什么看法。我们可以通过将它和一周前读过的另一部莎士比亚的戏剧进行比较来回答这个问题。我们在回答时可以采用一个结构，即"对照—比较—结论"结构。如果没有使用这个特殊结构，我们可能就不会将注意力集中在这两篇文本的异同上。我们可能会简单地就《暴风雨》给出自己的观点，或者可能会想到说出这两部戏剧的相似之处，但不会严格地分析它们的不同之处。使用结构是训练我们的思维方式的一种办法。结构会引导我们坚持某个逻辑，迫使我们保持论点的连贯性，而不是漫无边际地乱讲。它们有助于我们确定自己的想法，明确自己最终要谈论什么或不会谈论什么。

　　你可能会认为，通过结构约束自己会让我们的演讲过程更加困难，哪怕它会降低倾听的难度。事实恰恰相反。在即兴情境中，我们必须解决两大问题：说什么和怎么说。采用特定结构能够解决"怎么说"的问题，同时也会影响"说什么"。如果我们讲的故事富有逻辑性，那么在任何时间点，我们都知道自己讲过什么、接下来要讲些什么。这会解放我们，让我们有更多精力去思考自己真正想要表达的内容，而且还会赋予我们自信，尤其是在即兴的情况下。我们无须紧握拳头，在心里默想，在表达完眼下这些想法后，自己是否还有话可说。我们有路线图，所以我们知道一切都尽在掌握之中。

　　为了展示在"怎么说"问题得以解决后，即兴发言将会变得多么轻松，我会在课堂上请学生随机指定他们想让我讲的话题。我会停顿大约15秒，然后就其中一个话题展开五分钟的即兴演讲。我用这15秒来选择结构，然后迅速将其应用到该话题中。考虑到当时的主题和听众，我在思考是应该使用"问题—方案—益处"这样的劝说性结构，还是"过去—现在—未来"这样的历时性结构，或是"对照—比较—结论"这样的比较性结构。令学生大吃一惊的是，我的演讲清晰明了又引人入胜，而且毫不费力。很显然，长期从事沟通工作的经验帮助了我，但学生们发现，对特定结构的使用能让他们立刻自主且迅速地整合自己的观点，这一点令他们赞叹不已。

当我们对结构的运用变得更加流畅时，我们就拥有了提升创造力和表现力的空间。因为无论何时，我们都清楚自己处在结构中的哪个位置，我们可以在某个地方停下来进行精心设计或实验探索，而无须担心迷路。正如即兴表演领域的资深教练詹姆斯·惠廷顿（James Whittington）所指出的那样，我们也可以临时做出决定，在结构化文本中的任何部分，我们都可以用当下想到的某些新想法、轶事、笑话等进行替换，同样地，我们也无须担心它们会破坏我们的"宏伟蓝图"。

当然，我们不能过度沉迷于这种创造性的"远足"。惠廷顿回忆说，他的一位老师将即兴创作比作在高速公路上开车："你可以去往很多出口进行探索，但它们都不是你的目的地。在漫长的旅途中，你可以在小镇上漫步，但要记得回到主路上，千万不要在小镇安家。"结构并不能让我们自由地沿着某条长长的路一直走下去，它也不可能让我们说出脑海中闪现的一切，但它确实能在当下为我们开拓一个重要的空间，让我们得到片刻的放松、进行一些尝试，并判断听众的反应。

结构界的"瑞士军刀"

如果你不得不完成突如其来的救场任务,替某位缺席的同事做演讲,而你也只是在演讲开始前几分钟才接到通知,你会怎么做? 萨拉·蔡特勒(Sarah Zeitler)是一家上市制造集团的营销经理,她曾面临过这种情况。她所在的公司正在通过视频会议召开一场大型的新产品发布会,公司为听众提供了关于当前项目的新信息,并宣布了几项对其他公司的新收购。此次活动还包括几位主讲人的简短演讲,而萨拉是该活动的组织者,她要确保活动顺利进行。200 多人同时在线观看这场活动,其中包括销售代表、各子公司的相关工作人员、设计师、主管和高层领导等。

活动开始前,主讲人们将他们的幻灯片发给了萨拉。其中一个人告诉萨拉她有点私事要办,会晚几分钟进入会议。萨拉把这位同事安排在最后一位演讲。

活动当天,这位同事迟到了不止几分钟。萨拉紧张地看着时钟。离这位女士的演讲时间越来越近,萨拉给她发了一封电子邮件,又拨打她的手机以确认她是否能上线。结果萨拉没有收到任何回复。

萨拉瞥了一眼这位同事的幻灯片,后者准备向观众介绍自己手中的项目,其中包括一项新产品的发布。该同事的幻灯片都在描述新产品及其功能,视觉效果令人惊叹,但文字内容只有几句话。萨拉对该产品缺乏深入了解，也不清楚她的同事想要介绍它的哪些功能，但她在那一瞬间做出了决定：她将挺身而出，替这位同事展示那些材料。

一开始，萨拉宣布这位同事因家中有事无法参会，接着就开始了她的即兴展示。"我深吸了一口气，"萨拉说，"我讲话时自信满满，概述了幻灯片中呈现的那些很棒的内容。"虽然萨拉是即兴发挥，但她并没有随意地涵盖一些要点。她用到了我教给她的一个结构，即"是什么—为什么—怎么办"。

我对"是什么—为什么—怎么办"结构情有独钟。因其简单性和普适性，它成了我一直以来最喜爱的结构。你可以从讨论某个想法、话题、产品、服务或论点（即"是什么"）开始，然后你需要解释它为什么重要、有益或有用，它为什么不容忽视且富有意义（即"为什么"），最后告诉听众应该如何利用这些知识去运用它，或者应该采取什么样的行动等（即"怎么办"）。

在做即兴演讲、回答面试问题或提供反馈时，凡是在叫得出名字的场合，"是什么—为什么—怎么办"结构都能产生神奇的效果。回顾本章内容，你会发现我采用的正是"是什么—为什么—怎么办"的组织方式。在简短的开篇后，我先描述了如何定义结构（即"是什么"），然后阐述了结构的好处（即"为什么"），现在我正在讨论的是如何将结构应用于我们当下关心的话题——即兴发言中（即"怎么办"）。我认为"是什么—为什么—怎么办"是结构界的"瑞士军刀"。如果你的时间只够学习和记忆一个结构，那就记住这个吧。

运用这个结构时，萨拉首先介绍了同事在幻灯片中描述的新产品的基本信息及其主要功能。然后，她讨论了这些功能和益处为什么重要。最后，她解释了从此以后大家需要做些什么才能使新产品得以成功发布。这个结构有助于她保持专注和自信。她深吸了几口气，尽量把每句话一口气说完，避免出现结巴和停顿。"我只是在继续往下讲，我最近在练习如何自信而谦逊地专注于自己的演讲，因此我充满了力量。听众们知道我并不是自己正在讨论的主题的专家，但他们仍然有机会了解最新的动态，所以对此深怀感激。"发布会结束后，公司高层领导对萨拉的表现大加赞扬，还说她的演讲不仅出色，而且很有帮助。原来的主讲人后来也因萨拉代表她所做的工作而受到了赞扬。

一些经典且万能的结构

是什么—为什么—怎么办

讨论某个话题，说明它为什么重要，以及它的实际意义何在。

PREP［观点（Point）—理由（Reason）—例子（Example）—观点（Point）］

提出一个观点，说明其背后的基本原理，提供一些例证，最后再回到这个观点。

问题—方案—益处

提出一个问题，给出解决方案，最后讨论你的解决方案将带来什么益处。

对照—比较—结论

进行比较时，可以先从相似之处开始，接着是不同之处，在演讲结束时一定要得出结论。

STAR［情境（Situation）— 任务（Task）— 行动（Action）— 结果（Result）］

描述某个已经发生的事件，或给定某种情境，讨论你遇到的困难以及你是如何解决它的，最后讨论你所获得的结果。

在实践中练习结构

萨拉在紧急情况下救了场，是因为她能在交流中熟练使用"是什么—为什么—怎么办"结构。就眼前的话题，她问了自己一些问题——在该案例中，她就同事的幻灯片提出了一些问题——然后掷地有声地回答了每个问题。她利用了那些或通过耳濡目染，或通过观看手头幻灯片所获得的信息。无论我们是预先知道自己需要就某个特定话题展开讨论，还是只是在为下次面对众人的情况提前做准备，熟悉一些相关结构都有助于我们对其加以自如运用。

在本书的后半部分，我们将认识并应用一些在特定情况下十分有用的结构，例如，提供反馈、应对问答环节、道歉和即兴致祝酒词等。现在，让我来谈谈如何在使用结构时更加自如。其实没什么复杂的内容，你只需要完整地进行全过程练习，包括反复运用、积极反思和收集反馈。仅靠阅读说明是无法学会乐器的，你需要练习演奏它。同样地，想要在即兴情况下应用结构，第一步就是去做，而且是一遍又一遍地去做。

在为媒体活动做准备时，许多领导者会一遍又一遍地问自己类似但又不同的问题，从而练习组织自己的答案。你也可以使用在线工具练习即兴发言。例如，国际演讲会有一个工具，它可以生成一些问题供你回答。谷歌也有一个工具，它可以提出一些随机问题来帮你应对面试场景。利用像 ChatGPT 这样的生成式人工智能工具，它们会给你一些提示，你可以采用"是什么—为什么—怎么办"结构，在提示的基础上形成自己的答案。

除了练习即兴地使用结构，你还可以反思自己的练习过程，有一种非常好的方法是写日记。你在练习完某个结构后，或者效果更佳的是，你在实际对话中尝试使用某个结构后，花些时间想想什么行得通、什么行不通，以及如何改进。

我发现，很多人往往只关注那些行不通的东西，但正如我在自己的实践中发现的那样，记录自己的成功也很重要。

让反思成为每天的规律组成部分——你可以早上一起床就进行反思，也可以在下班回家的路上或晚上上床前进行反思。你可以找出当天或前一天经历的一两个交流场景，分析自己是如何应对的。你和谁的交谈最为轻松？ 这场对话毫不费力、畅通无阻的原因何在？ 你采用了哪个结构，它为什么如此恰到好处？ 你是否遇到过希望自己能更清晰地组织自己的想法的情况？ 你用到了什么结构，或者哪个结构的效果可能会更好？ 你有时候是否不太确定对方传递的信息或目标？ 他们又该如何更有效地使用结构？

到了周末，回顾你的日记，看看能否发现某种模式。例如，你可能会注意到，在一天中的特定时间，你组织自己发言的能力更强，比如和特定的几个同事在一起时，或者在特定的环境中时。想想其中的原因，以及在下一场重要谈话来临前，你可以做些什么调整以尽可能地为自己创造最佳环境。

试试看

下次看新闻、读书或阅读其他印刷品时，不妨花几分钟时间，用"是什么—为什么—怎么办"结构在脑海中构思一场迷你演讲。这场演讲是关于什么的？ 其中的信息对你来说有多重要或相关性有多大？ 你如何利用这些信息继续下去？ 该练习可以帮助你练习用结构组织自己的思考方式。如果能做到这件事，你在下一步中将能更加游刃有余地组织自己想讲的内容。

除了进行自我反思，别人对你讲话的印象也很重要，需要加以考虑。可以向生活中那些你信任的人寻求反馈，你知道他们所说的一定是肺腑之言。可以请这些人对你的结构化回应的优缺点发表评论。征求他们的建议，但不要只问一个问题："我做得怎么样？"因为这样的询问方式可能不会得到坦率的反馈。相反，你应该这样问："我怎样才能做得更好？"

我一直在强调"是什么—为什么—怎么办"结构，但其实你可以利用本书中提到的任何其他结构或者你能在其他地方找到的任何结构来组织自己的发言。你也不必强迫自己去学习和练习你所遇到的每一个结构。根据你最常遇到的即兴发言场合，集中精力掌握两到三个对你有用的结构即可。你可以选择一到两个万能结构为己所用，比如"是什么—为什么—怎么办"或"问题—方案—益处"结构，以备不时之需，当然也可以再加上几个你经常会用到且适用于特定语境的结构。

做好即兴发言的准备

过去十年间，如果你一直关注政治辩论，你就有可能曾经见过卡伦·邓恩（Karen Dunn）。她是一位著名律师，也是一位资深的政治沟通专家，曾帮助美国总统候选人准备过竞选辩论。在为本书搜集资料的过程中，我曾得到机会与邓恩小坐片刻。我问她如何才能在像辩论这样泰山压顶般的场合中从容应对并表现良好。她的答案毫不含糊——准备。

正如她所指出的那样，辩论虽然没有剧本可以参考，且完全是即兴的，但依然具有高度可预测性，这意味着事先练习可以达到事半功倍的效果。"通常，"她说，"你可以预测即将讨论什么话题，以及对手会发起什么样的进攻。所以，如果你能预料到主持人会提出什么样的问题，你就能预测对手会怎么做，这样你的互动练习才会卓有成效。"重点不在于写下或记住你要说的话，而在于对可能突然出现的意外情况做好计划，你可以练习一些自己可能想要表达的观点和讲述的故事，或是有力的反驳性观点。

在总统竞选辩论中，有一些令人印象深刻的单句笑话，比如"参议员，你可不是杰克·肯尼迪（Jack Kennedy）"，这是 1988 年美国副总统竞选辩论中劳埃德·本特森（Lloyd Bentsen）对其竞争对手的著名回应。这句话大概率是事先想好的。辩论参与者虽然对这些时刻是如何出现的不甚明确，但他们可以预测自己可能会遇到什么情况——在这种情况下，一个漂亮的回击或者恰到好处的笑话可能会派上用场。为了这次公开辩论，总统和副总统候选人通常都会根据可预测的程度进行长时间的练习。他们会在真实场景中练习，请学识渊博的人扮演自己的对手，而后者通常能做到一针见血。针对别人可能向他们提出的每一个问题，他们通常不会逐字逐句地写下答案，但他们的确会思考可能出现的话题，并就自己想要表达的内容明确几个要点或若干信息。

邓恩并非唯一一个强调即兴发言中准备的重要性的沟通专

家。雷蒙德·纳斯尔指出，他建议他的客户提前"储备故事"，回忆起一些难忘的轶事，以用于特定场合。他说，关键不在于一字不漏地记住这些故事，而在于准备一个"特定故事的目录"，以便在压力巨大的情况下调用。

与纳斯尔合作过的一些行业顶尖的技术高管都有一套自己的故事，以便在需要时使用。纳斯尔与一位知名领导者合作过，后者并非天生的演说家，但经过训练明显有所进步。从自己的生活中和著名的历史人物身上积累故事"令他从容了许多，因为他只需要倒带播放，而且他知道反响一定不错"。

前文中就提到过，如果计划得过于周密且过于追求完美，我们就容易在即兴发言的道路上走偏。不按剧本行事并不意味着我们无须提前准备。相反，我所见过的最出色的即兴发言者不仅会提前准备，而且会聚精会神、全力以赴地准备。他们会练习克服焦虑的技巧，并摸索出一套让自己在当下平静下来的策略。他们还会练习倾听和自省等技巧。正如我在本章中所言，他们会拟定一个结构目录，该目录包含的结构数量不多却行之有效，在特定情况下，他们就可以调用这些结构，以清晰明了、直截了当、引人入胜且富有"黏性"的方式做出回应。

日常生活中的即兴沟通可能没有剧本，但就像政治辩论一样，它们并不是随机发生的。我们通常可以预料到自己的感受、不同的语境和发言场景会对我们提出什么样的要求、听众可能想要听到什么样的内容，以及我们如何才能以引人入胜的方式向他们呈现这些内容。通过让自己熟悉不同的结构并练习应用它们，我们就能在重要的时刻脱颖而出，像本书中描述的其他方法一样，它们都能让我们先发制人。我们甚至可能会发现，自己正在做一些出乎意料的奇妙之事——享受即兴发言的乐趣。

练练看

1. 想象一下，你正在为一名游客提供游览你所在城市的建议。列出三到四个对方可能会参观或体验的景点。现在请你再根据自己的经历，以故事的形式表达你的建议或推荐。想一想，这两种方法中的哪一种对听众更有吸引力、更有帮助或更令其难忘，以及为什么。

2. "故事主线"是即兴创作界会做的一个课堂练习，你可以用它来练习将信息组织成一个故事。请将以下提示补充完整，从而构建一个场景，包括人物、时间和地点。

- "从前……[插入人物和地点]"
- "每一天……[描述日常生活]"
- "但是，有一天……[插入事件]发生了"
- "正因为如此，……[插入另一个事件]发生了"
- "因为……[插入另一个事件]发生了"
- [添加更多事件……]
- "直到最后……[插入最后的动作]"

⊛ "而且，从那时起……[插入发生的变化]"

可以利用该格式创作两到三个故事。你开始对讲故事有点感觉了吗？这个练习做得越多，你就能越容易地创作即兴故事。

3. 本章提到了能够生成问题的若干电子工具，你可以利用它们来练习对结构的应用——可以采用我之前讲到的五种万能结构中的任何一种。

第6章
聚焦重点：即兴发言中的"重点"话语

要让听众容易理解你的观点。要让他们将注意力集中在最重要的内容上。

无论是在正式场合还是即兴场合，最有效且有力的沟通方式都具有清晰明了、重点突出的特点。它能够传达听众需要且演讲者想要表达的所有信息——除此之外别无其他。它不会分散听众的注意力或让他们感到厌烦，也不会因为模糊不清、毫不相干、喋喋不休、全是缩略词或啰啰唆唆的连篇废话而浪费他们的时间。

想要了解某个精心策划又重点突出的经典案例，不妨看看史蒂夫·乔布斯（Steve Jobs）是如何向全世界首次介绍苹果公司革命性的 iPod 播放器的。那是 2001 年，苹果公司在总部的一个礼堂里举行了一场新闻发布会。乔布斯上台后本应对 iPod 的各种特点大加称赞，比如它时尚的设计、重量、屏幕大小、存储容量等。但他没有这么做，而是用了一个重点突出、令人过目不忘的句子来吸引消费者，这句话仅用五个英语单词就传达了消费者想要和需要了解的关于苹果公司这款新产品的所有信息："把 1000 首歌装进你的口袋。"（1000 songs in your pocket.）

当时，许多音乐爱好者都会将音乐存储在 CD 光盘中，但这样携带起来很麻烦。当时也有其他 MP3 播放器，但它们的存储容量非常有限。"把 1000 首歌装进你的口袋"成了苹果公司的广告语，而且同时实现了几大功效。它直击消费者之前听音乐的痛点，使 iPod 在竞争中脱颖而出，并向消费者传达了 iPod 的实用价值——而且仅用五个简单的词就表达了全部内涵。iPod 后来大受欢迎，它彻底改变了人们听音乐的方式，也催生了播客这个媒介（对此，我深表感激）。

我希望日常生活中的沟通都能像上述"营销魔法"一样重点突出且卓有成效。有多少次，你在鸡尾酒会上与别人聊天时，对方讲起一件趣事，却铺垫了太多的背景故事，让你甚至忘了他们讲这个故事的初衷？ 你所在公司的领导回答问题时是否经常令人费解或模棱两可？ 你周围的同事、客户服务人员、朋友或其他人是否经常在某个问题上闪烁其词，为逃避责任精心编造借口，或是对背景信息大讲特讲以凸显自己的权威，或是自顾自地喋喋不休？ 我们总是意识不到自己传递出的信息缺乏重点，但其他人却看得一清二楚。

我的公司曾为一位领导者进行过培训，他是一家游戏公司的创始人。在一次旨在激发听众对公司新发布的产品的热情的公开演讲中，他正在回答问题，一位听众问了一个技术性问题，直指公司产品不具备某项功能。这位创始人继续讲了 20 分钟，引导听众了解公司对此项技术的详细看法，以及工程师可能会采用的各种应对方法。

他的回答真实而全面，而且结构甚是清晰。但不幸的是，它所传达的信息只与听众中的一小部分人有关，而这些人并非他演讲的关键目标群体。结果，几分钟后，大多数观众就"掉线"了。在那一刻，这位领导者未能关注主要受众群体需要的信息，他的回答也未能照顾到大部分受众；但如果他考虑到了这些，他就会意识到，他只需要简单地回答这个问题，比如："对的，我们下次发布的产品会具备这项功能。"

我们无须成为史蒂夫·乔布斯那样能敏锐抓住重点的沟通天才，也无须事先精心雕琢每一个字，让它们"恰到好处"。就结构而言，只需要一点点练习，再加上对技巧的培养，就能对我们大有裨益，让我们能够即兴传递信息，并做到重点突出。在与客户和学生合作时，我明确了重点信息的四个维度，即它们的四个特质：精准性、相关性、易懂性和简洁性。通过练习加强这些特质，你会发现自己逐渐能更好地与听众进行交流，也能对他们产生更持久的吸引力，而你传递的信息也能更加深入人心。

维度1——精准性："呃，这到底是什么意思呢？"
底线：目标明确——了解，感受，行动。

如果重点信息不够精准、不能"因时制宜"并产生特定的效果或影响，它就什么都不是。当我们做到足够精准时，就能够确切地知道自己希望在说话过程中实现什么，从而精心设计自己的语言以达成这一目标。这会引发一个问题：我们希望实现什么？很多时候，我们对这一点的感受比较模糊或不够完整。因此，我们不仅要艰难地决定该说些什么，还要决定不说什么。在这种情况下，我们的回应方式往往会使听众分心或困惑，他们会感到无聊至极，并且会很快遗忘我们所说的内容。

大多数人在对自己的沟通目标进行反思时，考虑的都是自己希望传递的信息或观点，换言之，他们考虑的是内容。但我们想让听众了解的只是我们的沟通目标的其中一个方面。我们还必须考虑自己希望听众感受到什么，即我们希望他们体验到什么样的情感。另外，我们还要考虑自己希望听众做些什么，即我们希望他们采取什么样的行动。目标不仅关乎我们想要表达的意义，而且关乎我们希望这个意义产生的广泛影响。

如果能在沟通目标的三个方面都做到清晰易懂，其效果就可以非常强大。听众可以更容易地理解我们的意图，而作为发言者的我们也能够适应几乎所有可能出现的情况，甚至包括那些极度混乱的情况。

人们在制定目标时往往会忽略情绪的部分，而且对自己想要看到的行动模糊不清。所以，我们先来说说情绪的问题。正如我们在第 5 章中看到的，相比于其他信息，故事更容易被我们记住，也更容易进入我们的大脑，原因在于它们能够触发情绪并产生重大意义，这是数据和要点所不能及的。营销人员深知情绪的力量。如果他们在情绪层面上与消费者建立了联结，消费者往往就会买得更多，并且更加忠实于该品牌。利用诺贝尔奖得主丹尼尔·卡尼曼（Daniel Kahneman）在行为经济学方面的成果，市场营销学教授巴巴·希夫（Baba Shiv）推测道："我们做出的 90% 到 95% 的决策以及我们的行为都会不断受到掌管情绪的大脑系统的影响，而且这种影响是无意识的。"一项研究发现，从经济角度来看，在情绪层面上与公司"完全连接"的客户对于公司的价值比那些只是对产品"非常满意"的客户高出 50% 以上。

你会注意到，在上面这一段话中，我并没有完全遵循自己在前文中给出的建议，试图说服你在考虑作为沟通者的目标时要更加关注情绪，相反，我在通过引用数据和科学研究的方式引发你的理性思维。让我来调整一下。想象一下，你正坐在会议室里开会。这是一个周五的下午，已经快五点了，你对即将到来的周末充满期待。这是今天最后一个会议，你的老板正在做报告。报告想要传达的意思很明确——你的团队应该抓住眼下巨大的市场机遇，但老板用到的图表和表格让人眼花缭乱。试想，当他煞费苦心地解释一张又一张幻灯片时，你有多么不耐烦。当有人提问时，你的老板会即兴回答——是的——更多纷至沓来的数据和理性论证。你努力保持清醒，压抑着自己的烦躁不安，胃部紧缩成一团。你不禁问自己：我为什么要关心这个问题？我该如何应对这些信息？你的老板并没有明确自己目标的各个方面，也不清楚自己希望每个人接下来做些什么。

比起我之前那些充满数据和权威引用的句子，这种情绪更丰沛、以故事为核心的表达方式是否会让你觉得更有说服力？

除了信息和情感，我们还要考虑行动的问题。在我们希望听众在听到我们传递的信息后采取什么样的具体行动这一点上，我们经常是稀里糊涂的。在帮助企业家准备非正式问答环节时，我经常会看到这种情况。他们中的许多人清楚自己希望传递什么信息（例如，有关企业宏伟计划的数据、以往的出色表现、未来的机会等），也懂得如何施加情绪影响（在大多数情况下，他们都在试图激发听众对公司的好奇心和兴奋感）。但他们总是没有明确地告诉听众，自己希望听众做些什么。企业家们会告诉我，他们在努力为自己的企业寻求"支持"。这到底是什么意思呢？是金融投资吗？是让别人在社交媒体上为他们点赞吗？是想让听众为公司宣传吗？如果对此缺乏深入思考，他们就无法对自己所说的内容做出调整，从而将听众引向他们期待的方向。他们会发现自己在当下很难做出回应，而且他们表达的即兴内容也缺乏连贯性。

为了提高即兴发言的能力，你最好先在脑海中明确自己的目标。如果你即将进入一个可能需要即兴发言的场合，花几分钟记下以下三个问题的答案：

- ⊙ 你希望别人了解什么？
- ⊙ 你希望他们有什么感受？
- ⊙ 你希望他们做些什么？

试试看

回想一下你上次即兴发言的情景。你想让人们了解什么、感受什么、做些什么？你传递的信息是否与这些目标一致呢？

想想你是如何衡量成功的。你的听众是否能够理解你表达的一系列观点？你能否注意到他们明显有着什么样的感受？听众是否会心甘情愿地掏出钱包，或在一定时间内采取其他行动呢？

即兴发言结束后，花几分钟评估一下自己的成功程度，将你发言的效果与之前设定的目标进行比较。你在这三个方面都实现目标了吗？为什么实现了或者为什么没有实现呢？下次如何才能做得更好？如果多练几次，你就会养成一种习惯，在进入社交场合时，你会对自己的目标更加明确，并在事后严格地分析自己的行为。

维度2——相关性:"这与我何干呢?"
底线:关注听众,做到重点突出。

传奇企业家吉姆·科赫(Jim Koch)是精酿啤酒界的先驱,也是塞缪尔·亚当斯波士顿拉格啤酒(Samuel Adams Boston Lager)的创始人,他对销售略知一二。在职业生涯早期,为了让他们的公司——波士顿啤酒公司(Boston Beer Company)——有一个良好的开端,他和他的商业伙伴走进附近的酒吧推销,一次只进一家。他们有时候能推销出去,但大多数时候都无功而返。在回顾自己的职业生涯时,科赫谈到了他深信不疑的"黄金销售法则",即"永远不要要求客户做与其长期最佳利益相悖的事情"。

科赫认为,在这条规则之下,隐藏的是对客户的极度关注。"企业应该坚持一种无私的境界。"他说,"如果你能做到,就像我们一开始所做的那样,你就会让自己的生活更加轻松。你会与他人建立信任且忠诚的关系,你最终也会获得经济收益,因为你的客户会从这种关系中受益。也许最重要的是,你对销售这件事感到非常自豪,因为你也在帮助他人获得成功。"想要达到无私的销售境界,首先要努力地了解客户和他们所关心的问题。"花些时间去仔细倾听,了解客户心目中的需求。"科赫建议道,"要先理解人们某种行为背后的原因,然后才能改变他们的观念和行为。如果只是高谈阔论,你永远都不会获得成功。"

科赫讲述了他每次走进酒吧推销时所面临的困难。他必须在 30 秒内对自己的销售对象、这家酒吧以及酒吧的业务情况做出判断。只有这样,他才知道该如何向他们推销自己的产品。如果实在想不出自己品牌的啤酒能满足酒吧需求且令酒吧生意兴隆的好方法,他也不会死缠烂打,而是选择走进下一家酒吧。

试试看

有一个著名的即兴游戏叫作"驴唇不对马嘴",游戏要求参与者向随机选择的人群销售随机的产品和服务。产品有可能是橡皮塞子或钢琴,销售对象的工作或身份可能是警察、马戏团小丑或幼儿园老师。例如,游戏参与者要在一两分钟内向警察推销橡皮塞子,或者向马戏团小丑推销钢琴。这个游戏可以帮助我们想象他人的反应,并根据他们的需求调整自己的交流方式。请试着选择三种你能提供的产品或服务。针对每一个产品或每一种服务,你都可以选择向特定的一类人进行销售。你会使用什么样的推销话语呢?

建立共同点

最令人印象深刻、重点最为突出的信息是那些听众认为与自己息息相关的信息。这些信息直接点明了听众是谁、他们想要什么,以及他们需要什么——这些信息以某种方式解决了每个人在听别人讲话时都萦绕心头的问题："这与我何干呢？"

在即兴情况下，我们常常会因为未能根据听众的情况来组织自己的信息而"跑偏"。我们会仅仅因为自己对某个话题充满热情，而假设我们的交谈对象对我们想要谈论的话题也具备基本的兴趣。我们关注的是我们想说什么，却没有问问自己，该如何根据听众想要或需要听到的内容去组织信息。当我们试图就某个观点进行争论时，我们会喋喋不休地说一些对自己重要且有影响的论点。特别是在讨论一个能够触发我们情绪的话题时，我们可能会跳过一些步骤——怎样做才能使这个话题变得重要且有影响力，并在情绪上引起听众的共鸣。同样地，当我们试图销售某种产品或服务时，我们通常只会列出其特性和功能，而不会解释自己销售的产品将如何解决客户眼中的重要问题或困难。

为了使即兴沟通具有更强的相关性，你可以养成考虑听众及其需求的习惯。你现在就可以行动起来。如果有人提出的问题把你难住了，不妨暂停片刻，问问自己："这个人是谁？ 他需要听到什么？ 我怎样表达自己的内容才会让他觉得与他息息相关、让他饶有兴趣或感到迫在眉睫？"

如果你即将进入一个可能不得不即兴发言的场合，不妨提前花一些时间准备一些基本问题。如果可能的话，你甚至可以基于在短时间内搜集的资料展开严谨的分析。可以思考以下几个问题：

- 就我认为自己的话题中最重要或最吸引人的内容，我如何才能最有效地向听众表达？

- 听众对我的话题了解多少？

- 我的听众可能会对我和我的话题产生什么印象？

- 是否存在任何可能会招致反对、引发担忧或令听众犹疑之处？

- 怎样做才能激励我的听众？

比如，你要参加一个好朋友的婚礼，对方是在国内的另一个地方长大的。你不太了解对方的家人，也从未见过其未婚夫的家人。但你很清楚，你朋友的家族有着极其传统的宗教信仰，而且非常尊重长辈。你和她感情深厚，所以你认为，在这场连日婚礼中的某个时间点，很可能会有人邀请你向这对幸福的夫妇致祝酒词。

在准备发言时，你可能会思考上文提及的问题。听众很可能不认识你，所以你至少需要花一些时间来说明你是谁以及你的朋友对你的重要性。你还需要花一些时间来考虑你的听众。也许你已经了解到，在你朋友的文化中，尊重长辈是一种习惯，所以你可以考虑表达一下，见到朋友的父母是一件多么有意义的事情。当你向在场不同年龄、不同关系的人敬酒时，你应该考虑什么样的笑话会令众人忍俊不禁，而哪些又会引发不适。不妨再发挥一下批判性思维，想象一下听众对于任何不当之处会有何反应。最后，你得明白听众是出于对你这位朋友的爱而聚在一起的，所以不妨想出几个讨巧的故事，以体现你对他们的感情。

当你处境为难时，只需要花几分钟时间思考这些问题，你就能获得巨大的回报。你的回应不一定是完美的，但经过精心组织的内容会更加意义深重并与当时的场景息息相关，而且不会因为未能事先考虑听众而冒犯他们。此外，如果你提出了这些问题，并且意识到不知道该怎么回答这些问题，你就可以采取更多措施来了解你的听众，例如，与你的朋友进行简短交谈，并询问他们的家庭情况。

建立与听众的共同点、使自己的表达与听众相关的另一种方法是：有意制造一些引发听众好奇心或充满紧张气氛的时刻。比如，你正在开视频会议，经理突然就你的团队该如何对公司当前的产品进行升级这一问题询问你的看法。在这种情况下，你可能会感到非常尴尬，尤其是你清楚有些客户给出了负面反馈。但是，与其逃避现实，不如将这种情况视作一个机会。在回答经理的问题时，你可以先找出三到四条出人意料的客户体验评价，以此激发在线会议室中经理和其他人的好奇心。听到这些反馈可能会引发听众的疑问：这些评价是如何产生的？我们如何才能有效地解决这些问题？ 是否有改进或发展的机会？ 如果你引用的客户反馈是负面的，就可能会在团队中制造紧张气氛，但你可以通过建立一个全新的、共同的优先关注点——我们该如何解决这个问题——把这种紧张感转化为好奇心。这个问题可能会产生一种紧迫感，让听众觉得你对经理一开始提出的问题——你的团队该如何对公司当前的产品进行升级——的回答更加贴切而有趣。

试试看

在下次即兴发言时，试着为听众制造一个引发其好奇心的时刻，这会使你的话题看起来更具相关性和紧迫性。如果有人提出一个问题让你当场回答，不妨制造一点不确定性，方法是先说明你的方案可以解决哪些潜在困难或影响，然后再给出具体答案。如果没人提问，但你想要就某个观点进行交流，可以先提出一个问题，然后自己回答，从而唤起对方的好奇心。例如，当你需要分享新产品的相关信息时，你可以这样问："我们真的要同时支持市面上的两种产品吗？"

化抗拒为好奇

上文中的例子表明，在考虑相关性的同时，我们还要解决听众之中可能存在的阻力。我们可以通过缓和紧张气氛、使用温和的言辞来做到这一点，避免说一些可能会激怒听众的话。社会心理学家、斯坦福大学商学院教授扎卡里·托马拉（Zakary Tormala）说道："每当你思考可能会遭遇的阻力，以及如何战胜它时，实际上是在思考其中的防御心理。"我们面临的挑战是帮助他人减轻这种防御心理。"因此，用更加开放随和、包容合作的方式来对待他人通常会削弱他们的防御心理，这样你才有机会，至少还有一些回旋的余地。"我们可以通过提问和寻找共同点的方式展现自己开放包容的一面。可以这样说："就如何实现这个目标而言，我很好奇你对……的看法。"

　　我们为提高相关性所付出的每一点努力都会增加听众就其听到的信息与我们互动的概率。现实情况是，大多数观众都吝于给出自己的注意力和专注力。即使是在观众似乎非常积极地想要认真倾听的即兴情境中，这一点也是适用的。面试官会对你的回答充满好奇；寻求反馈意见的同事非常希望听到你的想法；庆祝活动中的观众期待听到你的祝酒词。然而，这些人仍然可能会分心，无法完全集中注意力。如果你所说的东西对他们来说很重要，而且很符合他们的需求，他们就更有可能认真倾听。如果解决了沟通过程中"这与我何干"的问题，你就会发现听众真的会更关心你说的话，也会注意你的重点信息。

维度3——易懂性："为什么这东西如此复杂？"
底线：避免使用术语和缩略语，使内容易于理解。

　　在即兴沟通中，我们最常犯的错误之一就是过度沟通。如果能考虑到倾听的重要性，同时提前想到听众对此次沟通的预期，许多人都能让自己的即兴发言更加易于理解。在一些重要对话中，复杂反而可能成为不利因素。

出现这种复杂性的部分原因是人们想要将自己的专家身份广而告之。这在很大程度上要归因于某些人所说的"知识诅咒"：我们知道太多对自己有利的东西，我们会在交流时做出假设，并使用听众，或者坦率讲，大多数普通人都觉得难以理解的语言。还有一种我们可以称之为"激情诅咒"：我们毫无必要地东拉西扯，把自己关于某个主题所知道的一切都讲出来，仅仅是因为我们对当下的话题充满激情，并认为听众也饶有兴趣。

然而，复杂是需要付出代价的，尤其是在即兴情境中。越是复杂的信息，越会令人困惑和注意力涣散。在很多情况下，它会让听众了无兴致，因为它会在我们和听众之间造成不必要的距离感——好像我们是专家，而他们只是孤陋寡闻且理应保持谦卑的听众。而且，越是复杂的信息，交流所用的时间就会越久，这会导致听众不知所措和百无聊赖，最后干脆选择不听。

复杂性在我们的社会中随处可见，而且我们经常未能察觉到它——但凡有所察觉，往往会觉得滑稽可笑。几年前，在为美国军方成员举办的研修班课堂上，我招来了哄堂大笑。当时我正在解释复杂的语言、术语和缩略语对交流者的弊端，一位军官举手说，他和他的同事们不存在使用过多术语的问题。我目瞪口呆，因为在和他们短暂相处的时间里，我就听到了一大堆缩略语，但我不知道它们的含义。"嗯，"他说，"我们会用一只山羊来代指。"

我听得云里雾里。"一只山羊？ 你是说杀只羊，然后所有人就都听得懂缩略语了吗？ 是在羊身上写上缩略语供大家学习吗？"

他解释说他指的是 GOAT，不是山羊（goat）。GOAT 代表的是"缩略语和术语词汇表"（Glossary of Acronyms and Terms）。显然，这个研讨班的所有新成员都收到了一份缩略语和术语词汇表，这样他们就能明白周围的同事们在谈论什么了。换句话讲，这是一个专业环境，在这个环境中，缩略语、行话和复杂术语比比皆是，所以他们索性编了一本手册，将这些东西汇编起来并加以解释——甚至连这本手册的名字也是一个缩略语！ 他们并没有想着去尝试一种截然不同的、更加巧妙的解决方案，即减少复杂语言的使用，从而使即兴和正式沟通都更加易懂。

TED 演讲的标准时长是 18 分钟。正如策展人克里斯·安德森（Chris Anderson）所言，该长度"足够短，能够抓住人们的注意力，包括互联网上的听众，又能恰到好处地让人们认真倾听。但这 18 分钟也足够长，可以讲一些重要的内容"。事实证明，演讲者其实都不需要整整 18 分钟的时间。已故的汉斯·罗斯林（Hans Rosling）是《事实》（Factfulness）一书的作者之一，也是一位备受尊敬的 TED 演讲者。2012 年，他证明了在一分钟内吸引某人的注意力并"说一些重要的话"是可能的。你猜怎么样？大部分时候他都是在即兴发言的情况下做到的。

在一段被称为"有史以来最短的 TED 演讲"的视频中，罗斯林指出了他认为未来几年间会出现的一个迫在眉睫的全球性问题：经济不平等和人口增长带来的挑战。他拿起七块石头，示意每块石头代表全球的 10 亿人口，因为当时全球约有 70 亿人口。他把其中一块石头放在地上——这代表着有钱出国旅游的 10 亿人。他又把一块石头放在地上——这代表着有钱买车的 10 亿人。他接着把三块石头放在地上——这代表着能存钱购买自行车或摩托车的 30 亿人。接下来，他把两块石头放在地上——这代表着全球人口中存的钱只够买一双鞋的人。

以此引入，罗斯林指出，未来几年，全球人口将变得更加富裕。通过重新摆放石头，他注意到，处于全球社会较低层的人将向上移动——10 亿人能买得起机票，30 亿人能买得起汽车，另外 30 亿人有望拥有一辆自行车。穷得只能期待买一双鞋的人寥寥无几。然后，他又加了三块石头，并指出，全球人口迟早会增至 100 亿，所有人口都将跻身前两个经济阶层。

他的演讲结论振奋人心："问题是，在一个拥有 100 亿人口的世界里，已然是富人的人是否做好了准备，去（和以前的穷人）融合在一起。"如此，他用短短几秒表达了一条重要见解。"这是有史以来最短的 TED 演讲。"罗斯林笑着宣布。

罗斯林本可以引用各种各样的事实和数据，也可以说出那些著名的经济学家和其他研究这个问题的人的名字。他本可以列举人口增长方面具有代表性的理论家，也可以引用晦涩难懂的专业术语，比如"粗出生率""倍增时间"或"推拉假说"。但对他的听众——由非专业人士组成的大众群体来说，上述做法都会分散其注意力，而且都无关紧要。罗斯林牢牢地抓住了听众的注意力，因为他的发言不仅切题，而且清晰易懂。

并不是每个人都需要成为沟通天才，并做到清晰易懂。我们只需要采取措施改善自己的沟通质量即可。通俗文学研究指南系列网站 LitCharts 的创始人之一贾斯廷·凯斯特勒（Justin Kestler）是 SparkNotes[①] 的原主编，目前也是 CliffsNotes[②] 的负责人。他认为这些资源网站的作用并不是简化冗长复杂的文学作品，而是分析和解释它们的主题，让公众更容易理解和欣赏这些作品。同样地，我们也可以把自己看作译者，我们的工作就是把复杂的观点用相对简单易懂的语言表达出来，使每个人都能理解。只要对翻译工作稍加关注就能大有作用，这可以帮助我们使当下传递的信息的重点更加突出。

---

① 一个文学指南和学术资源网站，提供对文学作品的摘要、分析、主题、符号、人物和情节的详细解释。此外还提供一些学术资源，如词汇表、注释、研究指南和测试准备等。——译者注

② 一个文学和学习指南网站，主要在美国使用。网站设有文学注释、学习指南、文献、家庭作业问题等板块。——译者注

　　为了减少术语的使用，我们可以养成设身处地为他人着想的习惯。在说话之前，或者即将进入一个预计自己需要即兴发言的场合时，我们可以考虑一下听众的情况及其理解能力。当我向家人解释有关技术的内容时，我会使用一种被我们家的人称作"祖母测试"的方法。我的母亲年事已高，对最新的小型电子设备几乎没有什么了解。我该如何向她解释技术类的东西呢？我会尽量少用术语，尽量少进行专业解释和技术细节阐释，这样她才能对技术有实质性的理解。即使听众不是我的母亲，我也可以利用"祖母测试"来确保自己没有因为不必要的复杂性而使听众手足无措。

　　如果你不太确定听众的理解能力如何，不妨做一些快速调研。玩具制造商乐高（LEGO）之所以名满天下，是因为其使用手册简单易懂，任何地方的孩子——包括那些尚未学会阅读的孩子——都可以利用它来搭建自己心仪的物体。乐高设计师安东尼·多尔比（Anthony Dalby）告诉我，该公司"对任何年龄段孩子的理解力都有着非常深刻的了解和认识"。公司的各种决策也都基于这些认识，比如，在一页说明书上展示多少块乐高积木，或者如何给积木上色。公司煞费苦心地将这些知识传授给员工，并要求员工在经过整整一年的培训后方能编写使用手册。

　　在即兴沟通时，我们通常无法指望自己对听众有同样深入的了解。但是，提前知道听众是否熟悉某些单词或概念、他们能够保持注意力的时长、他们喜欢以何种方式接收信息等，确实是有益的。如果你现身于某个专业场合或公司宴会，你需要做的就是与组织者或公司员工进行快速交谈，以获得这些信息。如果可行的话，也可以上网查看目标公司在其网站上使用的语言，或者查看其网页中记录和发布的公司领导或代表在以前的公开活动中使用的语言。

我建议你定期对自己的沟通情况做一次快速诊断，确保自己没有使用过量的缩略语、你的表述中没有各种细枝末节，也没有让他人喘不过气。如果你刚刚参加了一场会议、鸡尾酒会，或者其他你进行过即兴发言的活动，花些时间在脑海中回放当时的对话。你是否使用了术语？ 在传递信息的过程中，你是否花时间解释和拆析了自己的想法？

试试看

想想你最常使用的缩略语、术语或行业词汇。以几天为一个周期，关注一下自己使用它们的时间，思考一下，在与他人交谈时，是否可以使用更容易理解的同义词。给自己设定一个"术语挑战"，看看你是否可以坚持一整天不使用这些术语。

你可能会提出异议，辩解说你的工作或爱好的性质决定了你需要向别人表达复杂的概念或深奥的想法。那么，你能做些什么呢？ 就像你可能会提前花时间准备一系列故事，以应对即兴场合的需要一样，你也可以提前想出一些重要策略，它们不仅能让你在当下直陈要害，而且能使其易于理解。这些策略可能包括运用得当、丰富多样的类比——它们可以帮助你解释某个问题，或者如果你站在白板前，你可以通过绘制简单的图形来表达你思想的精髓。你也可以将自己的想法分解成几个基础的、易于理解的概念或步骤——这也是凯斯特勒在创建LitCharts时所使用的策略。

顺便说一下，这种分解法很是巧妙，可以帮助听众与你所说的内容建立更深的联结。那些并不会特别积极地接收信息的人往往会记住他们在交流开始时听到的大部分信息，而自动忽略其余信息。通过分解信息，你实际上相当于创造了多个开场，从而使听众在整个过程中更加投入，并记住更多主要信息。

我们需要提前考虑一个尤为重要的策略，即先传递最重要的信息。新闻记者将这种方法概括为"不要埋没线索"。换句话说，要以重大新闻作为文章的开头，但表达形式要简单，然后再给出更多细节。在军事上，这种技巧被称为 BLUF 法（是的，我知道这是个缩略词……），即"底线在前"（Bottom Line Up Front）。以这种方式组织信息可以让听众迅速关注主要信息，而无须在一堆细节中仔细搜寻。（你是否注意到，就本章讲到的四个维度，我都使用了 BLUF 法？）在会谈或会议前，练习用 BLUF 法表达自己的观点可以使你更加专注于当下。在发言时，问问自己："我到底想说什么？"这可以帮助你确定各个想法的轻重缓急。

维度 4——简洁性："他们为何如此啰里啰唆？"
底线：干脆利落。

我妻子在阅读育儿书籍时学到了一个口头禅，当我们和孩子之间出现问题需要解决时，她经常会用这个口头禅提醒我："尽量少说话。"当我想让某个孩子做他并不愿意做的事时，我总会跟他讲道理，还试图一再解释。而妻子只会告诉孩子们需要做什么——"晚上 7 点和我们一起吃晚饭""打扫你的房间"——她很少解释或根本不解释。少说话帮她减少了来自孩子们的叫板和无休止的讨论，也能更迅速有效地解决冲突，我们一家人也更加和睦了。

我妻子一定是找到了什么诀窍。神经学家约瑟夫·帕维兹告诉我，简洁明了的信息更容易被接收，因为它只会激活大脑中更少的处理系统。少说话通常能让我们更好地与听众建立联结，并维持他们的注意力。在这个注意力持续时间迅速缩短的时代，听众对庞杂的信息几乎没有什么耐心。我们必须问问自己：我们所说的每一件事——每一个想法、每一句话、每一个词——真的有必要吗？或者，在保证清晰度和相关性的前提下，我们能否更迅速、更有效地表达相对简单易懂的概念？

事实上，充分利用交流环境可以帮助我们进一步减少讲话的字数。和朋友一起逛图书馆或博物馆时，我们无须告诉朋友"小声说话"，因为这不言自明。同样地，参加葬礼时，我们也无须告诉同行者要展现出尊重并低声说话。气氛本身就可以传达社会预期。

漫画家希拉里·普赖斯（Hilary Price）创作的日更单幅漫画《橙色的谐音词》（*Rhymes with Orange*）备受赞誉。她会自己创作背景图，再用寥寥数语讲述完整的故事。她漫画中的每一个物体——一朵云、一丛灌木、一件家具——都经过了精心设计，目的是帮她传递信息。她的每一个字都很重要。"你要做的事，"她说，"就是尽可能地少用文字，而要通过图片来讲故事。写出'苹果'这个词，还不如画一个苹果。"

在创作时，普赖斯一开始会在漫画上写很多词，但在完善作品的过程中会对它们进行筛选和精简。她会尽可能地少传递信息，好让读者有空间去自行建立联系。正如她所言，阅读漫画的一大乐趣在于拼凑其中的含义，或者用她的话来说，"从不知到知之"。当然，她提供的信息也不能过于匮乏，因为那样会让读者困惑不解。诀窍在于达到既简洁又清晰的理想状态。在她看来，想要达到这个状态，她只需要传递49%的信息，剩下的信息就交由读者，让他们根据上下文自行补充。

为了实现这种简洁性，她通常会在事件发生前先描绘出场景，这样会让读者对即将发生的事件得出合乎逻辑的结论。

"哪一个更有趣呢，"她问，"是看到我向你扔饮料瓶的全过程，还是看到我准备好了正要向你扔瓶子呢？"当然是后者。实际投掷过程，或是角色之后的反应就没必要展示了。古希腊人认为"简洁乃智慧之灵魂"（这是我们的格言"少即是多"的前身）。在普赖斯的世界里，简洁是幽默和趣味的灵魂。此处的要点是：充分利用语境，用尽可能少的信息清晰地表达自己的意思。然后坚持下去。

通过关注自己在众目睽睽之下的反应，我们也可以对抗啰唆的毛病。《纽约时报》编辑格伦·克拉蒙（Glenn Kramon）建议作者通过大声朗读自己作品的方式保证其简洁性。作为发言者，我们可以反其道而行之。如果我们要对着一屋子人或是在在线视频会议中讲话，且刚好有人在录音，我们可以在事后回过头来分析自己话语的文字记录（或者回顾录音），关注自己的讲话模式，比如反复述说、过于琐碎等，这些都是冗词赘语。我们也可以找个搭档，请他们问我们一些问题，记录下我们的自然反应，然后分析自己的讲话习惯。在进入即兴发言场合前，我们可以提醒自己不要重复这些模式。我们还可以继续定期回顾自己的录音，以检查自己是否有所改进。

还有一个更简单的自我评估方法，即回顾自己过去一周发出的短信或消息。其中大部分可能都是即兴交流，尽管它们是书面文字，而非口头语言。你的内容是否过长或过多？你是否给出了很多不必要的回应？你的啰唆是否有什么规律可循？在接下来的一周中挑战自己，发短信或消息时尽量少写，力求简短而有意义，观察一下，这么做是否会影响你和别人的关系。

接受这个所谓的"简洁挑战"大有益处。下次当你准备进入一个即兴发言场合时，想想你要表达的主要信息，设想一下，像发微博一样，将其控制在 140 个字符内再表达会是什么感觉。经常这样做能使你的发言变得更加简明扼要。你也可以练习写俳句，也就是只有 17 个音节的诗。或者你可以尝试写超短篇小说（信不信由你，有人只用六个单词就能写出一个完整的故事），或者做一个闪电演讲（PechaKucha）①。

试试看

接受你的第一个简洁挑战吧：用 25 个（或更少的）单词来总结本章内容。你能做到吗？现在，你可以在生活中的其他方面尝试简洁挑战了。

12 字使命宣言背后身家高达 1.5 万亿美元的公司

截至 2023 年底，谷歌（现为 Alphabet 控股公司的全资子公司）是全球最有价值的公司之一，市值超过 1.2 万亿美元。它旗下业务众多，包括在线搜索、云计算、消费类电子产品、人工智能，甚至量子计算等。它在全球几十个地方都设有分公

---

① PechaKucha 一词来源于日语，大致可以翻译为"喋喋不休或者闲聊"。它可以代指快节奏、以图片为主的演讲方式，在这种演讲方式下，演讲者只能准备 20 张幻灯片，每张幻灯片仅用 20 秒时间展示。这种方式与那种长到令人打瞌睡的讲座或讨论会不同，可以让每个人的演讲都简明扼要。——译者注

司。然而，尽管公司规模庞大且复杂，但谷歌的领导层却将公司业务概括为寥寥 12 字。正如谷歌的使命宣言所展示的那样，该公司旨在"整合全球信息并使大众受益"。

这一使命宣言简单明了，大多数人都能理解。但如此言简意赅的措辞却并非得来全不费工夫。21 世纪初，雷蒙德·纳斯尔（Raymond Nasr）在担任公司联络主管期间就帮忙起草了这份宣言。据他回忆，为了破解如何准确传达谷歌的商业目标这一难题，他和同事们每月举行一次例会，每次长达三小时。这是一项艰巨的挑战。他们理想中的宣言不仅要能传达公司的宗旨，而且要简单明了、朗朗上口、积极向上、充满激情。

"我们耗时颇久、精益求精，若不是因为发自内心的热爱，我们是不可能完成这项工作的。"纳斯尔说道，"我们改呀改，直到精疲力竭。整个过程毫无乐趣可言，但当你对公司充满热爱时，你会这样做的。"

数月后，他们终于想到了一个令公司创始人拉里·佩奇（Larry Page）和谢尔盖·布林（Sergey Brin）非常满意的表述。谷歌正式宣布其使命宣言为"整合全球信息并使大众受益"。截至 2023 年我撰写本书时，谷歌官网上公开展示的仍是这一使命宣言。

在即兴沟通中，真正做到重点突出比看起来还要难。读完这一章，你可能想知道该如何做到这一点。本书中涉及很多领域，想提高这些领域的能力已经够难的了，比如，控制焦虑、放弃完美主义、重新构建自己进行即兴沟通的方式、更好地倾听他人，以及将我们所说的话置于特定结构中。既然我们已经在努力解决以上这些问题了，我们如何还能致力于与重点相关的其他四个领域呢？作为沟通者，我们会不会把自己压垮，或在追求重点的过程中反而面临着抓不住重点的风险呢？

这个问题合情合理，我希望我的答案也同样合情合理：慢慢来。虽然在四个维度上都有所提高可以帮助你最大限度地突出重点，但你也无须试图一次性解决问题。每次只需要专注于其中一个维度即可。只要稍微用心就可以增强你的自我意识，让你传递出更加清晰有力的信息。

记住，说到沟通，尤其是沟通的重点时，并没有所谓的"完美"。就四个维度中的任何一个而言，我们都不能过度应用。如果我们过于以目标为导向，就会太过僵化死板，无法根据即兴情境中不断变化的需求做出反应。想想那些辩论中的政治家，许多人只会喋喋不休地重复自己的观点，毫不理会别人提出的问题。如果我们花太多时间去组织那些能够迎合听众的信息，它们就有可能过于狭隘，因为它们只是为了迎合特定群体，而其他人对此完全没有兴趣。如果我们过度追求易懂性，可能会让别人觉得我们在简化信息，使其显得太过简单。而如果我们过度追求简洁性，听众就有可能会感到困惑，因为缺乏足够的信息或细节，他们就无法理解我们想说的话。

保持对沟通中"重点话语"的警觉，将听众的注意力吸引到最重要的事情上，能够极大地提高我们传递的信息的影响力。我们希望听众能够听到我们的声音，我们也希望找到与他们的共同点。我们有责任让他们尽可能地感到轻松、没有痛苦并饶有兴趣。我们越多地分享自己的想法、越多地倾听和了解我们的听众，我们就越能专注于自己的信息，从而使听众与我们产生强烈的共鸣。

练练看

1. 想想你上次参加过的会议。先试着用 50 个词来总结它，然后用 25 个词总结它，最后用 12 个词总结它。你是如何对文字进行删减的？你专注于减少术语了吗？你专注于降低复杂性了吗？你是如何确定沟通内容的优先顺序的？

2. 选择一个你感兴趣的话题，如果有人给你两到三分钟的时间请你发言，针对这个话题你会说些什么呢？把它们记下来。想象一下在一群全神贯注于这个话题的人面前演讲的情景；再想象一下在一群人面前第一次介绍这个话题的情景。思考一下，你该如何调整自己的话语以匹配这些听众的不同需求。在每种情况下，你可以补充些什么，又可以删减些什么，从而使每个听众都能投入其中并倍感兴趣？

3. 想想你在日常生活中完成的一项相对复杂的任务，比如，哄孩子睡觉、洗牌、准备一道你最喜欢的菜，或者进行商业谈判。想想你会如何使用隐喻或类比来描述这个任务（例如，"哄孩子睡觉就像……"）。现在，对着镜子或照相机练习描述这项任务。使用隐喻或类比能否让你的表述更加言简意赅呢？

第 二 部 分

在特定场景中嘴巴要巧一点

正如我们在第一部分第 5 章中所看到的那样，理解结构是在即兴发言时表现良好的关键。结构的作用与厨师的准备工作有共通之处。如果我们花些时间提前选择食谱（换句话说，选择某个结构），在深思熟虑后，进行随后的剁块切片和配料搭配之类的操作，我们现在要做的就是做完这道菜。当然，我们选择的食谱会根据不同的情况而有所不同（比如，我们不会为一顿工作日便饭准备菲力牛排）。在本书中的第二部分，我会对一些日常沟通中的常见挑战进行探讨，呈现一些简单易行的"食谱"，也可以叫作"语言组织方式"，以及一些有助于实现最佳沟通效果的其他技巧。练习这些结构将会助力我们脑子快一点、嘴巴巧一点。

特别提示：你可能是跳过本书的第一部分直接来阅读这一部分的。这完全没问题，但我还是希望你能回头再读一读第一部分。这一部分的内容将告诉你如何在特定的交流情境中即兴发言，而第一部分是向你传授方法论的，无论出于什么交流目的、无论环境如何，它都能帮助你轻松自如地进行即兴沟通。如果你真的想掌握即兴沟通的艺术，这些通用技巧必不可少。

第 7 章
应用 1：在闲聊中大胆尝试

关键见解

　　日常社交和闲聊这些典型的即兴发言场合会让许多人感到尴尬或难为情。就这些非正式会面而言，无论是开场还是结束，都可以让人手足无措。在与他人交谈的过程中，大多数人都觉得自己根本不知道该说些什么，也不知道该怎么说。我们想让自己显得机智有趣，又能与他人轻松自在地聊天——无论是在非正式的鸡尾酒会还是公司全体会议上，无论是参加专业会议的联谊会，还是参加孩子学校的活动，或者是在许多其他聚会上——这一切似乎都像一场没完没了的口头网球比赛，我们都需要进行即兴发言，而且面对着很多评论、问题和反馈。但其实，大可不必如此。通过重构一部分认知、采用有效的结构，再辅以一些具体的指导原则，我们不仅可以游刃有余地和别人聊天，而且可以真正享受其中。

为何它事关紧要

闲聊看似微不足道，但它可以使你受益匪浅。首先，它可以帮助我们发现自己和他人意想不到的共同兴趣，从而与对方建立全新的或者更加深入的联系。其次，它让我们有机会去审视潜在的关系，帮助我们决定是否要推进这些关系。再次，它可以帮助我们建立或提高个人声誉，让我们有机会展现自己的温暖热情与共情能力，这些都是朋友和同事非常看重的特质。最后，通过闲聊，我们能够了解到在场者之中是否有与我们志同道合的人。基于以上所有原因，为了自己，我们不能回避闲聊，而要找到锻炼口才的方法。关注结构就是一个很好的努力方向。

精心组织发言内容

在非正式的即兴对话中，我最喜欢使用的公式是我们在第一部分第 5 章中讨论过的"是什么—为什么—怎么办"。首先，你需要提出一个论点或观点（是什么），然后你需要描述该信息的重要性（为什么），再根据听众获得的新知识给他们提出建议（怎么办）。这种结构非常适用于闲聊，因为它具有万能性。通过在各种各样的语境和环境中使用该结构，你可以使自己的发言重点突出、清楚明了。此外，该结构中的最后一个要点要求你向聊天对象提出问题，而这一点可以帮助我们表达自己的感同身受和对对方的兴趣。由于我们已经在前文中讨论过该结构，此处不再赘述其细节。让我们把重点放在如何在聊天中应用该结构才能发挥最大效果上吧。

采用"是什么—为什么—怎么办"结构有两大好处。首先，如果我们想要开启话题或者继续对话，可以通过提出以下三个问题的方式邀请对方讲话。例如，我们可以说："那么，您觉得今天早上的主讲人如何（是什么）？"对方回答后，我们可以接着问另一个问题："您认为他的想法在短期内可以带来什么帮助（为什么）？"在问完这些问题后，对话可能会出人意料地转变方向，也可能会变得有趣起来，这时我们就可以把"是什么—为什么—怎么办"抛在脑后了。但如果我们觉察到对话已经很难继续了，可以回过头再问第三个问题："您稍后会去参加主讲人举办的见面会吗（怎么办）？"

如果别人主动来与我们对话，而我们也希望将对话向前推进，那么"是什么—为什么—怎么办"结构也会有所帮助。假设我们去参加一场为徒步旅行者及其他户外运动爱好者举办的会议，其中有一场联谊会。如果有人走过来问我们为何会参加这个会议，我们可以这样回答："嗯，多年来，我一直是个狂热的徒步旅行爱好者（是什么）。我正在寻找防止自己受伤并能让自己徒步更远的方法（为什么），结果在这里见识到了各种新设备和新工具，真是令人喜出望外。您也经常进行户外运动吗（怎么办）？"

　　虽然"是什么—为什么—怎么办"结构有助于开启对话，但它还不足以使我们在闲聊中惊艳四方。想要成为聊天大师，我们需要时刻密切关注自己作为听众和讲话者的角色。如果你仔细想想，会发现闲聊实际上只是一种参与者轮流发言的对话形式。如果我们进一步分解对话就可以发现，当参与者展开一系列话题时，他们会不断轮换顺序。想要在即兴闲聊中表现出色，我们要尽可能最大限度地利用每一次发言机会。想要做到这一点，最好的方法就是运用我所说的"闲聊第一戒律"，即"以对方为中心，而非以自我为中心"。

以对方为中心，而非以自我为中心

　　我们常常想当然地认为，我们必须给别人留下诙谐有趣的印象，即自己必须掌控场面。结果，我们往往会过度发挥，试图主导谈话，并花太多的时间谈论自己。虽然大多数人可能也想了解我们，但他们可能更感兴趣的是谈论他们自己，他们需要获得被我们倾听和理解的感觉。而当我们谈论自己时，这就相当于剥夺了他们被倾听和理解的机会。我们可能会给别人留下只顾自己、缺乏共情、傲慢无礼，也许还有点愚蠢无知的印象，而这并非我们的初衷。

　　每次轮到我们讲话时，我们都有机会使对话围绕对方而不是我们自己展开。有学者指出，我们一般会给出两种不同的回应：一种是支持对方所说的话，另一种是把话题转移到自己身上。朋友抱怨楼上的邻居很讨厌，如果你这样说："唉，你都不知道我的邻居是怎么折磨我的。昨晚他家的聚会持续到凌晨三点才结束。"你只是把话题转向了自己，表达了自己的担忧，而不是抛出话题请对方分享更多内容。支持性回应需要表达对朋友的共情，询问对方有关邻居不良行为的更多细节，以及他是如何应对的。

在某些情况下，比如对方确实想了解我们，或者我们并不想给别人留下过于沉默寡言、躲躲藏藏或遮遮掩掩的印象时，也可以做出转移性回应。但很多人会犯的错误是，他们会过于频繁地将话题转向自己，这时，这些人并未利用对方讲述故事或发表评论的机会去向对方学习或更多地了解对方，而是在借机谈论自己。

想要在闲聊中表现出色，就要更加重视提供支持性回应。

正如专业媒人兼传播顾问蕾切尔·格林沃尔德（Rachel Greenwald）所指出的那样，轮到我们讲话时，有很多种可用的方法。当对方表达了某个想法或讲述了某件轶事后，我们可以这样说："是什么让你那么激动呢？或者"哇，后来发生了什么？"或者"你当时的感受如何？"这样的评论可以让对方进一步扩展内容，或者透露更多信息并发表更加深入的见解。你越是表现出对对方所讲述的内容的支持，而不是将话题转移到自己的类似经历上，你们的沟通就会越发轻松和自然。

我岳母简直就是闲聊界的黑带选手。她喜欢与他人进行非正式交谈，而且颇为得心应手。她非常喜欢说这句话——"多讲点……"，这句话给我留下了极其深刻的印象。我的大多数直系亲属都不太擅长在谈话中做到认真倾听和有来有往。我们都会抢着说话，而不会倾听对方。只有嗓门最大、滔滔不绝的人才能被大家听到，反之则不会。想象一下，当我的岳母心甘情愿让出发言机会，请另一个人讲话，说着"多讲点"时，这一幕是多么令人震惊。她的做法尽显慷慨大度且极具共情力。我立刻意识到，仅靠这三个字，她建立起了多少关系，而且我能看出来，她从交谈对象身上学到了很多。她简直就是我的偶像。

以对方为中心，而非以自我为中心的做法在对话的两个重要节点——开场和结束中，对我们大有裨益。想要开启一段闲聊，要避免使用泛泛之词或平平无奇的开场白，比如"您最近好吗"或者"您是做什么工作的"。相反，要利用开场的机会表达对对方及其观点的兴趣。询问当前的情况或周围环境的相关细节也是行之有效的方法，比如"您以前见过这么多穿蓝色衬衫的人吗"或者"您怎么看这栋楼窗户的数量"。目的在于从一开始就建立融洽的关系，并表达对对方的兴趣或分享自己当下的类似感受。如果你预料到自己要进入某个闲聊场合，你可以想好几个开启对话的办法，而且要记得在开始谈话前表现出热情和好奇。

在闲聊中，会有一些常见的开场问题，在听到这些问题时，一定注意不要过于迅速地用启发法给出回答，因为这可能会导致被某些人称为"你好吗"式循环的出现（一方问："你好吗？"另一方答："我很好。你好吗？"——这可不是什么有趣的对话）。反之，你可以试着用一种妙趣横生或引人入胜的方式进行回答，这样可以引出更多的问题。关键在于要讲一些关于你自己和你的兴趣的细节。如果有人问你今天过得怎么样，你可以试着这样回答："非常好，因为我今早锻炼时创造了个人最佳成绩。"对方可能会问某个后续问题，如果对方问了，你直接回答就好，然后再迅速地回问对方一个问题，并给予对方支持性回应。

想要轻松自然地结束对话，可以表达对对方的欣赏。很多人在结束谈话时，总是只把注意力集中在自己的某种需求上。他们可能会说："对不起，我要去续杯"，或"不好意思，我要去趟洗手间。"正如格林沃尔德所指出的那样，更好的方式是告诉对方你需要离开以及你的理由，但一定要展现出对对方的好奇心，你可以通过问最后一个问题的方式表明你认真倾听了对方所说的内容，并觉得和他们谈话非常有趣，例如："我马上得去看看自助餐，但我很喜欢和你聊天，我还想问你最后一个问题，是关于你描述的马拉喀什之旅的。你最喜欢那里的哪家餐厅？万一有一天我也有机会去那儿旅行呢。"

格林沃尔德称之为"白旗法"。在赛车运动中，总指挥会挥动白旗示意这是比赛的最后一圈。在闲聊中，我们也可以效仿这种做法，得体地结束对话，同时使对方感受到你在认真倾听，并且很欣赏他。我的岳母在结束聊天时就显得落落大方、优雅得体，她会说一些类似于"谢谢你告诉我这么多我不知道的事。我从你身上学到了很多。在我离开之前，我还有一个问题想要问你……"的话。

假设在一个行业宴会上，你正在和一位近期搬了家的人聊天。你可能会说："我想知道您为什么选择搬到镇上的那个地方。"对方回答后，你可以这样结束对话："您的选择真是太明智了，我需要和那边的同事打个招呼，谢谢您告诉我这么多内情，和您聊天真是太开心了。"

精进你的表达

"是什么—为什么—怎么办"结构以及"闲聊第一戒律"都是闲聊中的基本原则。在练习和掌握这两个原则的过程中，我们还可以关注以下技巧以进一步提升自己的表现。

技巧 1：适当寻求自我表露

当然，与以对方为中心同样重要的是，我们也需要分享关

于自己的信息。根据格林沃尔德的建议，支持性回应与转移性
回应的比例应为三比一。在向他人提问时，我们应该确保，当
对方问及我们的生活时，我们也能提供一些有意义并具备一定
信息量的答案。

我们也不应该避免触及自己的深层感受或担忧。我们可能
会担心陌生人或熟人因我们的自我表露而感到尴尬，但研究表
明，与肤浅的交谈相比，深入的交谈能使参与者获得更满意的
体验，也能使他们更加紧密地联结在一起。

此外，人们经常会发现，当对话涉及相对平衡的、双向的
信息交流时，他们的满意度最高。不要把闲聊当作每周心理治
疗的替代品，但也不要把所有的重点都放在对方身上，而对自
己的事闭口不谈，或者让他们产生被审问的感觉。对方想要了
解你，并且知道你也在充满共情地认真倾听他们。

技巧 2：避免使对方为难

正如我所建议的那样，围绕对方展开对话会涉及向对方提
问，但我们在这样做的时候必须谨慎一些，不要让对方为难，
也不要引发他们的反感。单刀直入（例如，"你在这家公司工
作多久了？"）会让对方产生一种在面试中被未来老板盘问的
感觉。相反，问一些开放式问题，比如，"你不在这里的时候
喜欢做点什么呢？"可能会将谈话引向积极的方向。

提出开放式问题意味着交出对话的部分掌控权，至于对方会将谈话引向何处，我们并不清楚。但这也正是开放式问题如此重要的原因——我们给了对方与我们共同创造对话的机会。我相信你会发现，共同创造的对话对所有参与者都更加有益。

特别是在一群你不太熟悉的人面前，懂得察言观色并调整自己的话语非常重要，直到你对谈话对象的个性形成清晰的认识。例如，虽然你可能喜欢冷嘲热讽，并认为这样风趣幽默，但并不是每个人都喜欢这种方式。一开始时要给对方留下温文尔雅、和蔼可亲的印象，尤其是在谈话的早期阶段，因为此时你刚刚开始了解对方。如果你从对方说的话中捕捉到了他们可能会喜欢讽刺性话语的信号，你就可以朝着这个方向调整，但务必要谨言慎行，密切关注对方是否能接上你的话。

但是，对自己进行负面评价是存在一定风险的，这有可能会反过来伤害你，并给别人留下不好的印象。如果你想要建立融洽的关系、表现得和蔼亲切又善解人意，负面的话语则会让别人对你的形象产生误解。如果你认为某场对话适合走"冷嘲热讽"路线，略加自嘲即可。这种方式不仅更加安全，而且被一些人格外青睐。喜剧演员常常以自嘲式的幽默赢得观众，你也可以。与其说，"厨师花了这么长时间做出这么难吃的东西，真是让我难以置信"，不如说，"真庆幸我不是唯一一个把意面酱料做得如此难吃的人"。

技巧 3：要有团队协作精神

很多时候，我们倾向于把闲聊当作自己和他人之间的竞争。对手的球正越过球网朝我们打来，而我们要将球打回去，不能让它在地上弹两次。我们都想成为这场对话中最风趣幽默的人，就像是一场零和博弈——我们和对方之中只有一个人能"赢"，所以我们最好为自己着想。但我们也可以用另一种方式看待闲聊：它是一项团队运动，需要双方共同努力才能取得积极的结果。这就是所谓的"沙包式闲聊"准则：沙包不能落地，一旦掉下来，所有人都会输。

你一定明白，第二种方式更有利于我们与他人建立关系。对我们来说，这种做法会让我们更加轻松和快乐，因为我们不再会感到孤单，也不必独自承担"赢"的压力。但如果我们将闲聊视为一项团队运动，每个人就都得各尽其责。在你来我往的对话中，我们应该努力做好铺垫，好让对方的发言更加顺利，这样对方就会更轻松一点。在力所能及的范围内，我们可以在能够转换话题的地方给出提示，并提醒对方注意对话的逻辑性和背景。

完成这项任务的方法之一是就对方所说的内容加以评论。例如，如果你的谈话对象是一位初次来到你所在城市的人，他花了一两分钟描述自己有多喜欢这座城市，你就可以这样说："听您说您从巴尔的摩搬来这里后非常喜欢这座城市，我真的很高兴。我想知道，刚到这里时，最让您感到惊讶的地方是什么？"我们也可以把类似的问题用来结束评论，这种问题有助于实现不同主题或观点的切换。如果我们一直在谈论自己最近赢得的新客户，不妨这样说："唔，我已经告诉你我的好消息了。你上周的工作或生活中有什么好事发生吗？"

技巧 4：避免过快"左滑"

在这个任务繁多、选项铺天盖地的时代，我们很难长时间专心致志地闲聊。环顾四周，我们可能会陷入"害怕错过"（FOMO）[①]的烦恼，并常常疑惑自己与他人的聊天是否能够更加轻松愉快和富有成效。如果屈从于这种感觉，我们可能会很快从谈话中抽身，而这也许会冒犯别人。伺机中断正在进行的谈话，也可能会让我们失去本可能已经建立起来的联系，或者错失本可以获得的新知识。

和其他人一样，我会对过快"左滑"感到内疚。我在闲聊中最大的弱点就是不能全身心地投入谈话。我经常会心不在焉地扫视所有在场的人，担心自己会错过与其他人畅谈的机会。我的回答条理清晰，但总是匆匆忙忙，我一边低声说出某个敷

---

① 全称为"Fear of Missing Out"，指的是担心在自己缺席时，其他人会获得有益体验的一种普遍的焦虑情绪。这种社交焦虑的特点是"希望一直知晓其他人在做什么"。——译者注

衍的借口，一边从谈话中抽身。这样做多了之后，离开时我总是精疲力竭、毫无灵感。由于担心错过，我花了很多时间四处游走，没有投入足够的时间与任何一个特定的人建立有意义的联系。

如果你感到烦躁不安，一定要在这种情况下抑制住"左滑"的冲动。相反，你应该把注意力重新集中在当下，专心倾听。提醒自己，人们可能需要几分钟时间才能放松下来，才能与你交流，并说出一些有趣的事情。可以和自己玩个小游戏，挑战自己，努力记住你遇到的每个人身上的一项重要事实，或者邀请每个人分享他们对某个特定话题的看法。

我们虽然可以努力，但聊天这件事是无法通过精心安排实现效率最大化的，因为如果我们太快脱离某场谈话并进入另一场谈话，我们就无法知道自己错过了什么。一个更好的方法是放松下来，专注于当下，让谈话顺其自然地进行。如果感到疲倦或者没有精力继续对话，可以选择退出。

技巧 5：通过反思、提问和释义的方式尽可能避免冒犯他人

鉴于公众话语的两极化和激烈程度，你可能会担心自己一不小心就会越界，害怕遭受严厉的批评，甚至面临更严重的后果。我们务必要记住，闲聊的目的在于建立联系并发现双方的

意气相投之处。但这并不意味着你应该为了维持表面和平而隐藏自己的观点，关键在于要把每一次谈话都当作与闲聊对象建立融洽关系并找到共同点的机会。

首先，当你开始闲聊时，切忌对听众的观点妄加揣测。在介绍或讨论某个新话题之前，听听别人都说了些什么，判断他们想法的主旨，留意他们提到的细节以及他们的语调。当你真正开始发表自己的看法时，试着提一些普遍性的问题，而不是直接说出一些需要对方做出直截了当的反应的观点。假设你在朋友的鸡尾酒会上，聊天话题转到了政治上。与其一上来就表明自己对某位候选人或某一事件的立场，不如仔细倾听，观察一下别人都在说些什么。这种方式可以帮助你收集听众的信息，并据此制定策略，以听众最容易接受的方式来分享你的观点。

释义在这种情况下也大有用处。切忌先入为主，而要提出一些开放式问题，比如"请告诉我更多你关于……的想法"，然后对听到的内容进行释义，从而让谈话继续下去。这样，你就有机会理解为什么你的谈话对象会持有某种观点，然后你就可以表达自己的看法或进行反驳，让所有人都不至于情绪激动。

比如，在谈话过程中，你坚持认为职业运动队的吉祥物应该更"政治正确"一些，而你的谈话对象却强烈反对。你可能会忍不住脱口而出："呀，你怎么能这样认为呢？ 有些吉祥物简直太不合时宜了！"但实际上，这样的回应可能不会改变对方的想法。相反，你可以通过总结双方观点的方式来缓解紧张的氛围，并激发对方的好奇心。你可以说："就像球员不同意裁判的判罚一样，我们似乎也有着不同的意见。"

当下的反思、提问和释义可以让闲聊进行得更加顺畅，也能减轻你因冒犯他人或遭到冒犯而产生的焦虑感。更笼统地说，研究表明，我们越能表达出自己对于对立性观点的开放态度，我们就越有可能在谈话中建立联系、有所收获并避免冲突。这是有道理可循的：如果我们觉得别人足够尊重我们，在以开放的心态认真倾听我们说的话，我们就不太可能对他们说的话感到愤怒。如果能明确地告诉对方我们理解他们，指出双方的共同点，温和又积极地表达自己的主张，我们就使用了研究人员所说的"接受性语言"。当对方放下戒备时，我们就能更有成效、更加愉快地与其互动。如果我们一开始就明确表示自己愿意真诚地倾听他人的意见，对方就会受到鼓励，并认真地考虑我们的观点。

实际应用

在了解"闲聊第一戒律"后，现在让我们来看看，轮到我们讲话时，应该如何组织具体的话语以做出回应。

场景 1

你在一个遥远的城市参加婚礼，与不认识的人攀谈了起来。对方问你从哪里来。

一种可能的回应：

"嗯，我出生在奥马哈，但我搬到了南方，后来在休斯敦定居下来（是什么）。虽然我搬家是为了工作，但我真的很喜欢参加各种体育赛事并享受美食（为什么）。所以，我很想知道，您曾经在得克萨斯州生活过或去过那里吗（怎么办）？"

在这个表述中，我们让对方了解了自己，回应得别出心裁又简明扼要。与此同时，我们并未将所有注意力都集中在自己身上，而是根据自己的回答自然而然地提出了一个问题，为对方展开话题做好了铺垫。

场景 2

你正在参加一次全国性的业内会议。在一场联谊会上，你与一群来自不同公司和不同城市的陌生人聚在一起。

一种可能的表述：

"我叫马特·亚伯拉罕斯，来自加州硅谷（是什么）。我听过几期今天的主讲人的播客，所以今晚再次听到这个话题格外激动（为什么）。你们又为什么会对今晚的主题感兴趣呢（怎么办）？"

在这个表述中，最后一个问题是在尝试探讨自己和别人的共同点。我们将焦点从自己身上移开，并请其他人做出回应。如果愿意的话，我们也可以对"是什么"和"为什么"部分的内容稍加扩展，介绍更多关于自己的内容或展现自己的个性。例如，在介绍自己的居住地时，我们可以针对硅谷开一个自嘲式的玩笑，或是简单地提及自己最喜欢的几集主讲人的播客。任何一点细节的添加都有可能提高我们被他人认可并让对方做出回应的概率。

场景 3

在一次家庭感恩节聚会上，你发现身边站着曾祖母的隔壁邻居。你之前与对方从未谋面，所以一开始的谈话尴尬万分，接着是死一般的寂静。但你们俩的盘子里碰巧都有一份玉米。

一种可能的表述：

"哇，这个玉米太棒了（是什么）。我一直在寻找新的玉米烹饪方法。我是说，煮着吃和烤着吃都不错，但我想创新一下（为什么）。您最喜欢吃或最喜欢做的素菜是什么呢（怎么办）？"

在这个表述中，我们试图唤起共同经历，邀请对方谈论某个话题，而且我们知道对方对这个话题有话可说。对方一旦开口，接下来可能就会滔滔不绝，我们也有可能获得一些额外信息，从而促使我们提出新的问题。

感言

在为本章收集素材的过程中，一次有趣的经历让我对这些概念有了更加清晰的认识。我参加了一场为癌症患者筹款的晚宴。起初，女主人让我坐在一张桌子旁，我们这一桌的人聊得热火朝天。我和周围大约八个人都聊得非常起劲，你呼我应。我们聊到了癌症对自己生活的影响、我们住在哪里、孩子在哪里上学，等等。我们笑得前仰后合，频频点头，脸上都挂着笑容。过了约莫 30 分钟，我就和三个人在一个职场社交平台上互加了好友，还计划和第四个人一起喝咖啡。看起来，在当晚的活动结束后，我们的关系还会延续下去。

但这时女主人拍了拍我的肩膀。有些客人没有来，附近的一张桌子人不够。她问我愿不愿意换座位，我同意了。我在与新朋友道别后走向了我的新座位。但令我失望的是，我发现这一桌的社交氛围与上一桌截然不同。这一桌的客人都很安静，不愿与他人有目光接触，大家都在频频环顾四周。

哪怕有人开口说话，随后的谈话也都是浅尝辄止。大家的问题都平淡无奇，比如："今年夏天你做了些什么？"而对方往往答非所问，导致谈话无果而终。

我对闲聊略有心得，于是我鼓足勇气决定实践一下自己的聊天技巧，看看能否为别人提供一些帮助。某一刻，有位客人回答了上面的那个问题，说他们当年夏天去了夏威夷旅行。提问者则回答说："哦，我去了哥斯达黎加。"如此回答势必会导致谈话无法进行下去。我觉得自己的机会来了，决定参与其中，为他们提升对话质量。"嘿，你知道吗，我和妻子也曾在哥斯达黎加度过蜜月。"我对刚才说话的那位客人说道。"我们在全国各地旅行，并享受其中，尤其是云雾森林和我们在那里见到的绿咬鹃。你们都去了哪里？你们觉得最有趣的是什么呢？"这位客人回答后，我又问了几个支持性问题，引出了关于鸟的话题。这时另一位客人参与进来，讲了他去看秃鹰的经历。

不过短短十分钟左右，谈话就开始有所进展了。虽然不像前一桌那么热闹有趣，但我们确实也很开心。这一桌的人也开始笑得前仰后合。其中一个人问我能不能互加好友，另外两个聊过天的人也交换了彼此的联系方式。

讲这个故事并不是想说明我是一个聊天高手，也不是想请你邀请我参加你所有的聚会（我们已经知道了这一点——我也有需要提升的弱项）。相反，我想说的是，我们在尝试培养即兴沟通的技巧时，会出现哪些可能性。我们只要稍加努力，就不仅可以应对自如，而且可以在所到之处传播快乐、建立联系并与人合作，激励他人向周围的人敞开心扉，并向他们学习。闲聊确实益处多多，但前提是我们要打破既定的习惯，培养更加有益，也更有条理的交流方式。所以，不要惧怕下一个社交场合，走出去，开始练习吧！

第 8 章
应用 2：吊人胃口的祝酒词

关键见解

致宴会祝酒词、发表重要仪式致辞和介绍是极为常见的几种即兴发言。无论是在产品发布会、座谈会、婚礼、成年礼、葬礼，还是午宴上，我们都经常需要大声讲话，以纪念生活中的大事、庆祝他人所取得的成就，或是介绍别人。大多数人几乎会本能地把注意力集中在别人对自己的看法上，然而，这些场景并不只与我们有关。这种公开场合的全部意义在于对别人讲一些意义深重的话语，无论对方是个人、团队还是组织。

为了打破只盯着自己的担忧和需求的习惯，我们可以把宴会祝酒词、重要仪式致辞和介绍看作自己送给听众和我们要感谢的人或团体的礼物。我们可以思考人们可能会喜欢、想要或需要什么样的有形礼物，而口头礼物也是如此。出于对收礼人的关注，我们会考虑怎样包装礼物最好，同理，我们在讲话时也要考虑结构问题。毕竟，我们希望对方不费吹灰之力就能拆开礼物。我们也希望他们能够喜欢我们口头上所说的话，并记住它们。通过采用某种结构，我们可以使自己的宴会祝酒词、重要仪式致辞和介绍更加重点突出、清晰明了和言简意赅，让我们正在公开感谢的对象喜欢他们所听到的内容，并感觉自己得到了应有的回报。

为何它事关紧要

庆祝性讲话通常都是不得已而为之的，甚至可谓"必要之恶"，但实际上，其重要功能不胜枚举。就对我们至关重要的个人、团队或组织而言，在对他们授予荣誉或给予肯定的过程中，我们可以表达对他们的尊重、关心、联结感和理解。在我们担任致辞嘉宾的大型活动中，我们还可以定下基调，让听众集中注意力，从而调整他们对在我们之后的发言者的预期。这样，一方面，我们可以与获奖者建立更紧密的联系；另一方面，我们还能使听众有一种直接的、共同分享荣誉的感觉。一旦学会了如何为自己的致辞谋篇布局，这些场合或许就并没有我们想象中那么令人生畏。

精心组织发言内容

如果你受邀发表庆祝性或纪念性讲话，不妨参考以下"四步走"法，我称之为"WHAT"法。

我们缘何（Why）至此：首先，表明此次聚会的背景。例如，我们聚在一起是为了缅怀逝者，或是表彰某个团队所付出的不懈努力等。

你与此有何（How）关联：让听众知道你是谁，为什么由你来发言。

轶事（Anecdotes）或收获：给听众讲一些与你要纪念的个人、团体或事件有关的故事或者你的收获，做到言简意赅、恰到好处，努力引发共鸣。

表达感谢（Thank）：对你所纪念的个人、团体或事件表达感激之情并致以良好祝愿。

让我们仔细看看每个步骤吧。

第一步：我们缘何至此

阐明你对此次活动目的的看法。这样做有利于帮助他人集中注意力，并为接下来要发生的事设定期望。为听众定义此次活动还可以帮助你表达情感并说明此次活动的重要性，从而开启对致辞对象的庆贺。

例如：

"尚德拉（Shandra）的专业成就卓越非凡，今天听到她谈论娱乐业，以及她作为一名唱片艺术家登上了百老汇的舞台，这些无一不让我深感其职业之鼓舞人心，我感到无比激动。"

"这场婚礼让我认识的两位最有爱心、最特别的人走到了一起。"

第二步：你与此有何关联

通常，有些听众并不知道你是谁，也不了解你在该活动中的角色。可以花些时间分享一下你与纪念对象之间的关系。如此一来，你可以穿插介绍一些关于纪念对象的背景信息，甚至还可以增添一些幽默风趣的话语。

例如：

"我和尚德拉在茱莉亚音乐学院一起学习了六个月的声乐，这六个月至关重要，我们最终得以在1994年录制了我们的第一张专辑。"

"我与这对新人已经有十多年的交情了，而且，他们还是通过我的介绍在一场关于《星际迷航》的大会上认识的。谁能料到克林贡（Klingon）^①派和罗慕伦（Romulan）^②派会坠入爱河并走进婚姻殿堂呢？"

第三步：轶事或收获

现在可以尽情分享你那些丰富多彩、引人入胜的内容了，你可以讲一些风趣话、表达一番感情，也可以聊聊你的收获。根据本书前面给出的建议，记得确保你的故事结构紧凑、恰到好处、主旨明确，切忌拖沓冗长。说到故事长度，你可以考虑将其控制在几分钟之内，不要进行几十分钟的长篇大论。

例如：

"尚德拉能给我们之前听过上百遍的标准爵士曲注入新的活力，我对此一直惊讶不已。我从她身上学到了很多东西，但

---

① 克林贡，《星际迷航》虚构宇宙中一个好战的外星种族。他们有一套完整的历史和文化，还有文字、语言、戏剧等。这个种族生性好战，几乎人人都是战士。——译者注

② 罗慕伦，又译"罗慕兰"，《星际迷航》虚构宇宙中的另一个外星种族。罗慕伦人的特征是性情暴躁、狡猾和见风使舵。克林贡人与罗慕伦人的关系波诡云谲。他们之间曾有过短期的结盟和技术交换，但是克林贡人自23世纪起认为罗慕伦星际帝国是"宿敌"。罗慕伦人不时对克林贡殖民地的攻击和对其内部事务的干涉使双方的紧张关系持续发酵。——译者注

也许最重要的是，一首发自内心、充满智慧的好歌是如何在一瞬间打动你的。"

"这两个人初次见面时，曾分别来找我，让我打断他们关于'进取号'星舰可以容纳多少个毛球族生物的对话，这样他们就可以早点回家了。尽管他们都是铁杆星际迷，但聊得并不愉快。我很庆幸自己当时并没有理会他们！"

第四步：表达感谢

最后，向听众和你的纪念对象表达感激之情。同样地，你有机会穿插一些有关你的纪念对象的其他背景信息。

例如：

"尚德拉是一位精诚的合作伙伴，也是难觅的知己好友，我对她感激不尽。我相信你们也会从她身上学到很多。现在有请两届格莱美奖得主尚德拉·德拉科特（Shandra Delacorte）上台。"

"感谢二位成为我，以及在场所有人的好朋友。你们'勇敢地'步入了自己关系和生活的新阶段，我们祝福你们万事如意。"

精进你的表达

我们都忍受过拙劣的宴会祝酒词、重要仪式致辞或介绍。它们不仅会使气氛变得沉闷压抑，而且有可能诋毁和损害所有相关人员的声誉。别人对我们所说的话的接受度如何，并不是我们能预料到的。尽管如此，通过合理利用以下几条指导原则，我们更有可能让自己的言论产生期望中的积极影响。

原则 1：简明扼要

冗长的致辞或介绍通常效果不佳，试图涵盖太多的话题也会降低你的言语效力。如果你是众多发言者之一，请根据活动背景斟酌自己的语言。如果每个发言者都占用了太多时间，发表的评论缺乏重点或过于宽泛，或者重复相同的内容，听众就会变得焦躁不安。我还从未听到有人抱怨说，为纪念某个人而发表的致辞过于简短。根据当下的语境，分享足够的信息，适当地向你的纪念对象致意即可。精彩的致辞能够简明扼要地指出致辞对象的特别之处，并给听众留下深刻的印象——仅此而已。

原则 2：做好以情动人的准备

在许多情况下，宴会祝酒词、重要仪式致辞和介绍都会引发强烈的情绪，有些令人振奋（比如在婚礼、毕业典礼或成人礼上），有些则充满悲伤（比如在葬礼或退休仪式上）。想一想，当你已经产生了强烈的情绪时，你会如何应对这些情况。如果你预料到自己会失控，不妨事先和某人一起制定一套预案，在你需要时请对方代为发言。或者，准备好结束语，以便随时可以全身而退。你可能会忍不住想要照着纸上或手机上的笔记朗读，但这种方式在你情绪激动时往往会让事情更糟，因为这样做很容易使你分心，也会让你与听众脱节。

还要考虑听众的情绪状态，并尽可能根据他们的情况调整自己的表述。如果你在一场婚礼中，受邀为这对新人证婚，你想讲的故事会不会被其他情绪打断呢？同样地，现在是不是时候插入一些可能会劝退某些听众的段子了呢？考虑到你与纪念对象的关系，以及所有在场宾客的身份，一定要注意用恰当的方式公开表达情绪。在庆祝产品发布的企业活动上，比起高层领导，听众更期待项目经理的真情流露。毕竟，项目经理与完成这项工作的团队的关系要紧密得多。如果某位高层领导表现得过于激动，可能会给人留下不真实甚至有点奇怪的印象。花些时间思考一下你想对纪念对象表达什么，以及听众希望你对他们表达什么。谨防越界。

原则 3：避免让自己成为焦点

当你在讲述一个关于纪念对象的故事时，尽量少提自己以及与自己有关的细节。不要过多地停留在表达自己的想法上。如果想要评估自己在这方面做得怎么样，可以留意一下，你在说话时是否会频繁地使用"我"这个词。如果你会这样做，看看自己能不能将焦点拉回到你谈论的对象身上。

原则 4：故事要通俗易懂且恰如其分

没有人喜欢被忽略的感觉，因此不要讲一些只有少数听众能理解和欣赏的故事。无论是故事内容，还是逗趣的话，都要确保它们适合你的听众。如果你觉得有必要或需要使用某个术语或缩略语，可以通过介绍背景信息的方式向听众简要地解释一下该术语。

原则 5：争取团结

这个世界上的两极分化现象越来越严重，很多人都会言辞犀利地表达自己的观点。如果你想建立更加深入的关系与联结，以赞誉某个人或某个团体为目的的公众演讲是寻求共同点的绝佳契机。在不违背自己价值观的前提下，发表一些可以得到每位听众支持的评论。这看起来极具挑战性，但根据我的经验，只要你认真寻找，总是存在中间立场的。

假设你身处某个团队合并成功的庆功宴上，该团队经理的处事方式和政治信仰刚好与你背道而驰，你就可以将重点放在赞誉团队如何身体力行企业文化上，避免谈论该经理的个人价值观。这次发言可不是和这位经理的方法或信念针锋相对的好机会。如果你觉得自己过不了这关，或是因为不能指出你们之间的差异而觉得自己不够坦率，你也许可以建议由其他人进行发言。但如果可以的话，你不妨利用这个机会搭建一个桥梁，向新合并的团队表达自己希望他们接受的企业文化和优先级排序。反过来，这可能会创造一个与这位经理或团队成员进行更加亲密且坦诚的对话的机会。

原则 6：帮助他人获得成功

把自己想象成一个为随后出场的人（下一位演讲者，或你正在介绍的人，等等）暖场的人，无论你后面的人是谁。尽自己的最大努力为他们的成功做好准备。我经常将这种方式称为"清理跑道"，这样，那些后面的人就可以平稳又及时地"起飞"了。为他们提供后勤、议程和"内务"信息，以正面乐观的语气结束自己的发言，激发听众对后续内容的兴趣和兴奋感。想象一下你希望别人如何介绍你，然后照做即可。在正式介绍下一位发言者之前，你可以这样说："胡安娜（Juana）有很多有趣的事情要与各位分享。但在介绍她之前，我想告诉诸位，我们将在演讲结束后为各位提供她所讨论的内容的笔记，而且今晚的活动结束后，诸位可以前往吧台区享用酒水和小吃。"

实际应用

宴会祝酒词、重要仪式致辞和介绍可以根据具体情况的不同有所变化，比如，你正在纪念的人是否比你更具权威性、你参加的活动是专业性的还是私人性的、该场合的氛围是快乐的还是悲伤的……在以下场景中，"WHAT"公式都能派上用场。

场景1

你正在面向团队的十几位成员发表讲话，并将其介绍给公司总部的两位高层领导。

一种可能的表述：

"欢迎西（Sy）和珍妮（Jeanne）莅临指导我们团队的工作（W）。过去的三年里，我非常荣幸地在二位的指导下工作。此番能目睹二位的风采，我更是倍感振奋（H）。上次西和珍妮来的时候，我们回顾了本季度的计划并确定了工作事项的优先顺序。这一次，她们希望看到我们所取得的进展，并分享一些总部的想法（A）。西和珍妮，非常感谢你们于百忙之中到来（T）。"

这段话不仅介绍了上下文，而且明确表达了对接下来的互动的重要性和成效的期望。

场景2

你的团队大获成功，你想花些时间和团队成员一起庆祝一下。

一种可能的表述：

"哇！我们刚刚提前三天完成了本季度的最后一笔交易（W）。我一直在幕后看着你们每一个人，看着你们如何为了这笔交易付出超乎想象的努力（H）。我记得三个月前，刚刚得知有这个机会时，我们就选择了诸位加入我们的团队，因为我们相信你们可以完成这笔交易（A）。你们在这个过程中表现出的匠心独具和锲而不舍让我和其他高管交口称赞。感谢你们（T）。"

在这里，作为额外奖励，发言者强调了她希望团队成员未来能够一如既往地精诚合作。

场景 3

某位同事迎来了工作五周年的纪念日，你想对她的付出表示感谢。

一种可能的表述：

"廷（Ting），恭喜你已经在公司工作了五年（W）。我们合作过很多项目，我从你身上学到了很多（H）。记得有一次，我们为会议订购了专用 T 恤，结果尺寸和颜色都有问题。当我发疯似地跑来跑去时，你却出奇地镇定（A）。廷，非常感谢能有你这样的好同事和良师益友（T）。五周年快乐。"

在这个例子中，通过讲述一个具体而又略带自嘲的故事，发言者突出了纪念对象身上的优点。

感言

不久前，一位和我关系很好的同事埃德温娜（Edwina）因癌症去世了。她走得很突然，令所有人都震惊不已。她在我曾任教的社区大学中颇具影响力，很多人都会向她寻求建议，希望得到她睿智的点拨。多年来她一直对我进行着精心指导，我把她看作自己生命中一个正能量和智慧的源泉。听闻她去世的消息，我心痛不已，想要用某种有意义的方式纪念她。

几天后，机会来了。与埃德温娜相熟的同事们私下举行了一次在线视频会议来悼念她。每个人都轮流表达了自己的感受，讲述对埃德温娜的回忆，而且发言内容都没有经过事先准备。到场的人太多了，大家一致同意控制发言时长——每人只有一分钟左右。尽管有几位同事借此机会回忆了一些轻松愉快的过往，但总体氛围还是极其凝重的。轮到我发言时，我希望自己的发言既能表达对埃德温娜的深深敬意和钦佩，又不至于过于冗长和沉重，从而给他人造成负担。

我采用了"WHAT"结构，最终的发言内容如下。

"埃德温娜是一个了不起的人，她的真知灼见深受大家追捧（W）。在她担任两个领导角色期间，我都很幸运地成了她的下属（H）。我清楚地记得，在一些事关决策、唇枪舌剑的会议上，和在场的很多人一样，我会暗自思忖：'埃德温娜会怎么做呢？'通过借鉴她的行为举止和方式方法，我在那些情况下做出了有益的贡献（A）。让我们将埃德温娜铭记于心吧，她让我们的人生受益匪浅，也影响了很多与她相识的人的生活（T）。"

我的发言虽然简短，但我借机表达了一些有意义的内容，也不至于浪费大家的时间。我没有说陈词滥调或稀松平常的话语，而是尽力表达了一些于我而言意义深重的关于埃德温娜的回忆（每当我身陷困境时，我都会想起她，想起她那些充满智慧的话语和她对待生活的方式）。在场的听众中既有与她关系密切的同事和直接下属，也有她的上级，而我所讲的故事适合每一个人，我所传递的信息也鼓励了其他人分享埃德温娜对自己的影响，并为他们的成功发言奠定了基础。

在这种情境中，有可供采用的结构并不能决定发言的成败——没有这个结构，也许我也可以做得很好。但这个结构确实能帮助我保持专注，并防止情绪分散我的注意力。我希望"WHAT"结构也能助你一臂之力，从此以后，你会将纪念他人这件事当作你对他人的馈赠，而非负担沉重的苦差事。人生苦短，在生死诀别面前，若能表达一番逝者之于我们的意义，对他人、对自己都将是最重要且最令人欣慰的馈赠。

第 9 章
应用 3：完美或不完美的表达

关键见解

当我们与他人进行即兴沟通时，我们希望的不只是告诉对方我们的想法、看法和观点，我们还想说服对方像我们一样看待世界，或者以我们认为对他们最好的方式行事。我们可能想要同事赞同自己的看法，想要顾客购买我们销售的产品，想要我们爱的人同意赴我们的第一次约会，想要孩子改变他们的行为并尊重我们的规则，想要邻居不让自家的狗靠近我们家的草坪……关于如何在交流中提高说服力的书不胜枚举，我衷心建议你去阅读此类书籍。但想要变得更具说服力，我们还要了解如何在当下发挥影响力。

提前准备一场精彩的演讲是一回事，而根据当下对听众及其需求的了解来调整自己的措辞则是另一回事。充分的准备可以帮助我们预测什么样的内容能够打动听众，但我们需要学会在当下认真倾听，仔细分析我们接收到的线索，并真诚地回应听众的需求。一个可供采用的结构可以帮助我们专注于当下并实时进行调整，它也可确保我们的即兴表达合乎逻辑，同时与我们对他人及其需求的了解保持一致。

为何它事关紧要

如果我们关注到了在当下该对听众使用什么样的话语，我们的回应就更能贴合对方的需求。反过来，他们会更加信任我们，认为我们真实可靠且善解人意，从而认为我们所传递的信息与其息息相关。我们也更有可能赢得他们的全力支持和好感。

精心组织发言内容

为了使你的发言强劲有力且能回应听众的需求，可以尝试使用我在第一部分第 5 章中讨论过的"问题—方案—益处"结构。

问题：首先，对某个你正在讨论，而听众也深有同感的困难、问题或痛点给出定义。

方案：其次，提出问题的解决方案，详细说明能够处理问题的具体步骤、过程或方法。

益处：最后，对采用你提出的解决方案将产生的优势和益处进行描述。

我想，你会发现，在很多你试图说服别人的情境中，该结构都会行之有效。以下是关于这三个步骤的更多细节。

步骤1：陈述问题须具体

尽可能做到清晰简洁，用听众喜欢的方式直接说明问题。有时候你会发现，用积极的方式看待问题并将其视为改善现状或开展新事业的机会也未尝不可。但有时候，你也需要直截了当地说明问题，指出它是需要听众关注的一种不幸情况或痛点。你可以通过研究过去针对这些听众进行的成功演讲案例来做准备。

例如：

如果你想让晚宴上的各位朋友支持你的观点，认为解决你所在城市的流浪汉问题势在必行，你就可以这样说："如同诸位所见，近日新闻中时有报道，这个问题在我们的城市中非常普遍。"

如果你想让同事采用一种新的行为方式，你就可以这样说："得不到别人的尊重，又与团队中的其他人脱节，你没有厌倦这样的状态吗？"

在定义某个问题或阐释某个机会时，想一想如何论证最有可能引发听众的共鸣。例如，如果你知道听众比较关心数据，就提供一些能支持你主张的数据。如果听众喜欢具体的例子，就讲一些相关的故事或轶事，或者进行示范。有些听众可能希望你用直言不讳的方式定义问题，而有些人则希望你更加委婉一些，或者用风趣诙谐的方式介绍问题。正如第一部分第 6 章中所讨论的那样，与听众建立共同之处极为重要，你可以通过思考下面这些基本问题来实现这一点：大多数听众是否熟悉我想要讨论的主题，还是他们对它比较陌生？ 他们和我的主题可能有什么个人关联？ 通过加入一些背景知识、使用为听众所熟知的术语，或者提及该主题与个人的关联性，你可以让自己正在定义的问题看起来与听众更具相关性。

在陈述问题的过程中，你也可以指出一些人们在解决该问题时遇到的阻碍。在宣传特斯拉的 Powerwall 电池时，埃隆·马斯克（Elon Musk）不仅提出了化石燃料排放导致全球变暖失控的问题，而且指出了目前人类在向太阳能过渡的过程中面临的阻碍因素，诸如能源生产变化引发的电池需求、现有电池技术较差等。为了描述解决方案遭遇的具体阻碍，你也可以采取这一额外步骤，如此一来，就可以让问题看起来更有难度，而你所提供的解决方案（这些方案当然能克服这些困难）会更加令人信服。

步骤 2：解决方案须细化

针对你所讨论的问题或机会，你需要提出可行且合理的解决方案。不妨参考第一部分第 6 章所述，你需要使特定的听众觉得你对解决方案的表述重点突出且清晰易懂。如果你的解决方案错综复杂，请逐项列出各个部分，以便听众能清楚无误地理解。

例如：

"以我们目前项目为蓝本的政策方法倾向于让城市官员与当地企业结成合作伙伴。采取这些措施将使我们能够为流浪汉找到更多的就业机会，让他们重新站稳脚跟。"

"制作一些能展示你的目标实现进度的指示板，在每周例会之前与大家分享这些内容，这样有助于证明你的工作之于整个团队的重要性。"

步骤 3：各种益处须列出

明确指出并按顺序排列你的解决方案将产生的益处，要从最大、最重要的益处开始，以此类推。

例如：

"通过对流浪汉问题的深入了解，并在企业和政府之间建立基层联系，我们不仅可以为更多的人提供他们需要的住所和帮助，而且将与社区携手，让更多的人加入这项工作。"

"展示你的价值不仅能让你与团队建立更紧密的联系，而且能凸显你的工作的实用性，并且有可能帮助你获得梦寐以求的晋升。"

如果你预计自己的解决方案会遭到强烈反对，或者如果你认为听众可能会拒绝接受你对该问题的设想，不妨调整讲话内容的顺序。在这些情况下，先讲益处后说问题可能会更好。你可以这样说："如果我们能在降低生产成本的同时增加销售额会怎样（益处）？仅仅依赖于一家供应商的做法会使我们无法获得这些好处（问题）。但如果将我们的需求外包给两家供应商，我们就可以轻松快速地实现销售额和成本效率目标（方案）。"

◉ ◉ ◉

更多结构

没错，可用的结构不止这一种！如果你想获得他人对某个新项目或正在成长中的商业风险项目的支持，你还可以借助以下句式继续发言：

- ◉ "如果您能……会怎样？"
- ◉ "如此一来……"

- ⊙ "例如……"

- ⊙ "不仅如此……"

例如：

"**如果您能**在提升客户订单接收效率的同时提供更加个性化的体验**会怎样**？**如此一来**，您的客户就可以更快地收到货，您也可以更快地获得报酬。**例如**，通过使用我们的平台，XYZ 公司现在处理订单的速度提高了 50%，并且在收获客户更高满意度的同时能够提前一周收到付款。**不仅如此**……通过我们收集和分析的数据，我们可以更好地向您的客户提供建议，从而让他们从您那里购买更多产品。"

精进你的表达

利用"问题—方案—益处"结构可以帮助你把听众的注意力转移到你的观点上来。为了进一步增加成功的概率，可以考虑使用以下技巧。

技巧 1：使用类比

类比或比较可以帮助听众理解这个结构中的各个元素。针对你所讨论的问题或机会的重要性或影响，你可以将其与听众已知的先前情况进行比较。例如，在商务场景中，你可以这样说："我们目前的供应链问题与我们在其他产品线遇到的挑战极为相似。"或者可以说："从本地产品过渡到云计算的感觉与从台式电脑过渡到移动设备时的感觉类似。"

同样地，你可以将自己所倡导的解决方案与另一个领域的成功方案进行比较。如果你是一名医务工作者，在试图说服某人少吃碳水化合物时，你可以这样说："减少碳水化合物的摄入相当于你前几年减少工作日饮酒量的做法。"针对你正在阐述的益处，你还可以和其他益处进行类比。如果你正在和一家科技公司的同事聊天，你可以说："艾特莱森（Atlassian）公司在实施类似方案后，在响应时间方面的得分提高了十倍。"

技巧 2：解决方案须一致

如果你能证明自己提出的解决方案与先前的行动或解决方案相一致，听众买账的可能性就会更大。在销售领域，该技巧被称为"登门槛"（foot in the door）。我们喜欢自己的行为始终如一的感觉，也想要给他人留下这样的印象。如果有先例，我们就会更有可能同意某事。如果你主张政府应该通过减税的方式刺激经济增长，你就要提到，政府正是通过这种做法成功地应对了先前的经济衰退。如果你主张自己应该加薪或升职，你就要指出，那些与你表现相当的人都获得了加薪或升职。如果你的解决方案看起来与之前的方案相吻合，得到他人的认可便手到擒来。

技巧 3：表达益处须积极

措辞至关重要。想出一些积极表达益处的方式能够帮助你更容易地说服听众。如果某个特定的解决方案在 75% 的情况下都行之有效，我们就可以强调这一点，而不是强调其 25% 的失败率。对于一个在四分之三的时间里都行之有效的方案，大多数人还是饶有兴趣的。在第一部分的第 6 章中，我们探讨了通过增加讨论中的紧张感激发听众好奇心的重要性。如果你采用了这种方法，很重要的一点是，你需要做好准备以积极的方式表达益处，从而表明自己正在解决问题中的矛盾。

与此相关的是，在表达解决方案时，一定要强调人们由此可以获得的好处。根据当下盛行的损失规避理论[①]，人们天然倾向于规避风险和防止不好的事情发生——有时甚至会为了获取好结果而付出巨大的牺牲。如果你在言语间暗示人们可能会有所失去，就会引发风险，你可能会在不知不觉中让他们对潜在的解决方案了无兴趣。

我最喜欢的一个例子是有关汽车销售的。就性能和优点而言，你可以将某辆车称为"二手车"，但这样做会使你的听众

---

① 损失规避，是指人们在同时面对同等数量的收益和损失时（无论顺序先后），大多数人都认为自己有所损失。损失带来的负效用为收益带来的正效用的 2—2.5 倍。损失厌恶反映了人们的风险偏好并不是一致的，在涉及收益时，人们表现为风险厌恶；在涉及损失时，人们则表现为风险寻求。——译者注

联想到二手车的潜在缺点——不可靠、维修成本高等。但如果你说这辆车"以前被喜爱过"，则显得更高明。其中的区别甚是微妙，但后者的措辞可能不太会唤起听众心中的风险意识。相反，它表明这辆车曾经是别人的心头爱，也许你的听众也会喜欢上它。

技巧 4：障碍须清除

许多人想多吃水果和蔬菜，少吃高脂食物和甜食。他们知道这样的饮食调整对自己有好处。他们知道，健康饮食有利于减肥，会让他们感觉更好，能降低血压并帮助他们达成其他健康目标。他们可能很想改变自己的饮食习惯，并对此充满了热切的期望。

但随后他们遇到了各种障碍。也许他们身处"食品荒漠"中，水果和蔬菜都是稀缺品；也许他们经常四处旅行，发现可供选择的健康食物少之又少。他们尽了最大努力，但即使他们想要改变的意愿很强烈，这些阻碍也会成为他们改变自己行为的道路上的绊脚石。他们还是一如既往地以汉堡、薯条和苏打水为食。

当我们试图影响他人时，我们通常只关注自己的解决方案的好处。与这些好处同样重要的是，我们也必须关注那些可能会阻碍人们去思考或做我们期望的事情的因素。如果不这样做，我们可能就会失去听众的信任。想象一下，如果有人让你相信某个行动方案有多棒，却未能解决你在采纳该方案时面临的真正挑战，将是多么令人沮丧的事。他们只管"画饼"，却不教你如何"吃到饼"，未免显得有些麻木不仁，而这对你来说又有什么意思呢。

我们要竭尽全力让我们对他人的要求——即我们提出的解决方案——既实际又有吸引力。有时候，这意味着需要舍弃一些关于解决前进道路上的障碍的想法。但有时候，这可能又意味着在表达我们的解决方案时，我们需要充分考虑他人所面临的障碍。如果你试图说服某人和你一起打网球，而你知道对方的伴侣周末得上班，所以对方必须在家照顾孩子，你就可以提议约在工作日晚上打球，而不是请对方考虑周末打球的可能性。如果你想向某人推销一款产品，但知道对方预算有限，你就可以提出"按需付费"的解决方案。或者，为了解决来自高价标签的冲击，你不妨告诉对方，其他产品的价格都在飙升，而你的产品不但生命力顽强，且总体价格将会更加便宜。

我们无法以一己之力推动自己期待的变化发生。但如果我们能更富有同理心，认真考虑哪些因素可能会阻碍他人接受这些变化，并在传递信息的同时尝试解决这些对方所担心的问题，我们成功的概率就会大得多。

技巧 5：完美主义须淡化

当我们试图在即兴情境中影响他人时，我们经常会觉得自己说的话必须完美无缺。正如我们在本书前面的章节中看到的那样，追求完美的强烈愿望反过来会使我们过于拘谨并过度关注自己，我们会极其害怕说错话。

在推销自己的想法时，存在些许不完美之处是件好事。市场营销学教授巴巴·希夫解释道，过度打磨的演讲往往会招致批评——因为听众希望从他们听到的内容中发现缺陷。人们天生会对自己听到的其他人的想法持怀疑态度。他们会对自己现有的信仰和态度加以保护，并且害怕接受新的信仰和态度。在很多情况下，他们也喜欢自己的观点被认可的感觉。他们希望觉得自己在增加价值，而提出批评或建议就是一种有效的方式。

希夫引用了硅谷流行的一句老话：如果你是一名企业家，正在向投资人寻求资金支持，"你就只会得到建议。但如果你向他们寻求建议（因为你的想法还不够完美），你将会得到投资。"他还讲到了广告界的一些故事：某高管试图向客户推销一项广告策划，但由于这项策划过于完美而以失败告终。老板给了他如下建议：广告策划视频中的演员胳膊上得有很重的汗毛。这样一来，客户不仅能赞同这一策划，而且拥有了加入自己看法的空间——让演员脱毛。通过为他人创造贡献和合作的机会，你可以增加自己的潜在影响力与获得赞同的可能性。

此处的关键信息是：适度追求完美是好事，但过于追求完美恐怕会适得其反。

实际应用

"问题—方案—益处"结构真的能在我们可能遇到的各种情况下起作用吗？绝对可以。思考以下三种涵盖职业和个人生活的场景。每个案例之后都附有分析，它们会让你看到，本书建议的表述将对我们产生哪些益处。

场景1

你正在面试某人，并试图说服对方加入你的公司。

一种可能的表述：

"你不仅可以磨炼自己在项目管理方面的技能，而且可以接触到高管层，并影响其决策（益处）。这份工作要求你制订并实施我们的'进入市场'计划，这意味着你将对公司的内外部产生重大影响（机会）。我和其他面试官都希望你能选择成为我们团队中的一员（方案）。"

在这种情况下，我们是以利益为导向的。通过这样的表述，我们明确告知了对方益处，并促使对方做出选择，使其不用考虑工作变更有可能带来的损失，因为对方在原来的工作中并没有这样的机会。我们既强调了技能收益，又说明了人际关系方面的收益，这些都凸显了这是一份好工作。

场景 2

你想请某人帮忙。

一种可能的表述：

"我需要重新摆放那两个大书柜，这样一来，我给办公室新买的地毯就能放得下了，我的大屏电视也能看得更清楚（问题）。之前我帮你把新沙发搬到了楼上，我也很希望你今晚能过来帮我搬一下这两个书柜（方案）。这样，我们就可以尽情观赏比赛并喝上一杯了（益处）。"

在这里，告知对方这件事的互惠性可以让对方心甘情愿地帮忙。同样地，将重点放在"受害者"将得到的益处上也很有可能提高成功的概率。

场景 3

你要和另一半出去吃饭，你想让对方相信你选择的餐厅很棒。

一种可能的表述：

"虽然我知道你想去吃意大利菜，但我听说这家中餐馆的菜单刚更新过，而且他们的大厨刚斩获了一项大奖（机会）。我们今晚去这家中餐馆，过几天我们自己做意大利菜如何（方案）？这样一来我们就可以吃到中餐馆的新菜品了，而且，如果我们在家自己做意大利菜，我保证我们能剩不少菜，第二天的午餐钱也省了（益处）。"

在该例中，认可对方的观点会让你看起来更加通情达理和善解人意。这无疑表明你在认真倾听并关注对方的愿望和顾虑，而不仅仅在通过试图欺负或压制对方的方式达到自己的目的。指出益处的长期优势也大有帮助。

感言

我一直着迷于研究孩子们如何巧妙地运用有效的技巧去说服他人。我大儿子 12 岁时，他问我和我妻子是否可以给他买一把价格不菲的电吉他。当时，他的衣橱里装满了各种半新的玩具和其他玩意儿。我不想看到他一时兴起又半途而废，所以拒绝了他。结果，等待我的是一段从结构上看无可挑剔的即兴发言。

"爸爸,"他说,"你和妈妈不是一直鼓励我要更有创造力,让自己忙起来吗？"通过这样的开场白,他明确表达了一个对我们双方都有益的机会。接着,他提出了一个解决方案:"如果你给我买了这把吉他,我就可以在自己的房间里自学识谱并勤加练习了。"最后,他表明了此事对他和我们的益处:"我要学的第一首歌是你最喜欢的卡洛斯·桑塔纳（Carlos Santana）的歌。而且,我的朋友告诉我,学习弹吉他帮助他加深了对学校里学到的数学知识的理解。"

这一铿锵有力的请求令我和妻子印象极深,我们答应了他。没过几周,当他用新吉他弹奏了几首很酷的乐曲时,我们更是大为震惊。我儿子成功说服我们的关键在于,他能够以一种清晰简洁、合乎逻辑的方式解决我们的担忧。你的发言也同样可以大获全胜。通过采用这些说服性结构,你可以提高实现预期目标的概率。强行推销不可取,而要切中要害地抓住对方的需求并加以满足。

第 10 章
应用 4：问答环节要出彩

关键见解

在正式演讲中惊艳四座是一回事，但如何应对随后杂乱无序的问答环节则是另外一回事。我们该如何应对会议中的即兴提问和诸如面试等一对一的情况呢？这些环节会让许多发言者瑟瑟发抖，并将其视作自己必须面对的挑战，同时担心自己犯错从而导致信誉受损。但如果我们将问答环节重新定义为与听众的对话，而不是对其避而远之，我们就有可能迎来新机遇，与他人进行互动并畅所欲言。我们可以擒纵自如、把控全局。

为何它事关紧要

将问答环节看作机遇可能有点过于乐观，但这样的环节确实具备正式演讲或会议所没有的优势。首先，你有机会向听众传递一种真实可靠的感觉。你有没有在照本宣科，他们一听便知——你真实的个性，甚至是不为人知的一面都会展现出来。通过展示（相对）不加修饰的自我，你可以与听众建立更深层次的联系，给他们留下平易近人和温暖热情的印象。由于你是在与听众群体或与会者中的个体互动，你也可以更加深入地了解其个人信仰和品质。

问答环节可以让你理清思路，并对在之前的交流中无暇解决的问题加以拓展。如果你能展现出即兴回答问题的能力，就意味着你对发言主题了如指掌，这样不但不会损害你的可信度，反将会让听众更加信任你。

最终结果是：更多的听众会参与其中，他们会更专注于你所讲的内容，你传递的信息也会显得更富有人情味、更具有你的个人风格。

精心组织发言内容

在即兴回答问题时，你可以通过下面这个简单的方法提升你的回答对听众的价值，我称之为"ADD"结构。

回答（Answer）问题：首先，用一个陈述句回答问题，确保答案清楚无误。

详述（Detail）例子：其次，给出特定的具体证据来支撑你的答案。

描述（Describe）益处：最后，解释益处，说明为什么你的答案既与提问者息息相关又对其至关重要。

你无须按顺序执行这些步骤。一个好的回答应该包括答案、具体细节，以及对其相关性或价值的陈述。具体细节非常关键。作为听众，人们更倾向于记住细节而非笼统的表述。带有个人色彩的评论能够帮助听众记住我们的回答。通过建立相关性，我们传递的信息会显得更加刻不容缓，也更能吸引听众的注意力。

我发现"ADD"结构非常有用，在担任招聘经理期间，我曾向求职者们传授该法。在面试开始时，我告诉应聘者，我会问他们一系列问题，希望他们给出答案，并用一些细节来佐证，然后解释这个答案的相关性（如果他们得到了这份工作，它对他们有什么作用）。结果令人诧异。应聘者们给出的答案更加清晰了，而且因为知道有模板可供参考，他们也显得没有那么焦虑了。我也因此更清楚地确定谁能成为我团队中的一员。

让我们逐一讨论"ADD"结构的各个步骤吧。

步骤 1：回答对方的问题

对于别人的提问，尽可能直接给出一个简洁明了的答案。无须铺垫详细背景，直奔主题即可。拖延战术或偏离主题可能会削弱你的回答的透明度和真实性，从而降低你的可信度。

例如：

在一次工作面试中，在做完个人陈述后，一位面试官询问你的工作经验，你可以这样说："我在该领域有 15 年以上的经验。"

如果你在公司大会上代表团队做进度报告，听众中有位高管问道，你们的项目进度为何落后于原定计划，你可以这样回答："供应链出了问题，加上物流延迟，导致我们进度落后。"

步骤 2：详述具体的事例

你需要想出一个关键事例来支撑自己的回答，但切忌过分强调细节。虽然适当辅以详述是有帮助的，但如果细节过多，可能就会让听众感到无聊，会让他们分心，甚至失去兴趣。这时，你只需要说出几个句子，提供少量细节即可。

例如：

"我曾就职于三家公司（说出公司名称），主要负责确定新项目范围、促进跨职能团队发展，以及向高管汇报结果。"

"例如，由于关税问题，用于我们产品生产的基础材料在港口多耽误了十天。"

步骤 3：向提问者描述益处和相关性

我们经常想当然地认为，听众能马上明白我们的回答为什么重要并与其息息相关。遗憾的是，情况并非总是如此。

为了帮助听众理解我们的回答的重要性，并提高对方对我们能力的认知，我们必须明确无误地告诉对方他们将从中获得的最重要的益处。

例如：

"这意味着，我可以更快地发现困难，并为您和您的团队所面临的问题提供可能的解决方案。"

"我们已经与其他供应商签订了合同，并调研了其他运输方式，以防未来再次发生延误。"

与第一个例子不同的是，第二个例子解决了一个负面问题。在这种情况下，我们可以使用"细化相关性"步骤来分享我们正在做的事情，从而对眼下的问题进行补救。想象一下，我们正在面试一份工作，有人提出了一个负面问题，要求我们指出自己需要改进的领域。我们可以这样回答：

"我可能会忙于回复电子邮件和工作软件中的信息，这可能会导致我在工作流程中分心（回答）。例如，每次轮到我值班时，收件箱里往往躺着 20 封邮件，这让我迟迟无法着手处理自己的工作（细节）。现在我在手机上设置了十分钟提醒。当我听到闹钟响起时，我就知道我该停止回复邮件和信息，并开始着手完成我的其他工作任务了（益处/相关性）。"

精进你的表达

当我们面对问题时，"ADD"结构有助于避免冗长的回答。我们可以迅速而果断地切入话题，只为听众提供他们需要的信息，如此一来，我们的回答就会显得既有意义又令人印象深刻。为了加强"ADD"结构的力量，并通过你的回答提供更多价值，不妨尝试以下几个技巧。

技巧1：提前准备可能会被问到的问题

虽然问答环节是即兴的，但我们也不能完全盲目地开始。你可以提前想一想有可能会被问到的问题。在你的演讲中，哪些主题是你花最多时间准备的？ 你能想到的最犀利的问题是什么？ 有没有哪些问题是你确定别人会问的？ 你是否提前了解了听众的情况，从而去推测他们可能会提什么类型的问题？

一旦确定了可能被问到的问题，你就可以通过"ADD"结构组织出最能说服他们的答案。然后，打开思路，把这些问题看作拓展你的演讲内容的机会。在回答听众问题的过程中，你可能会讲到的自己最喜欢的主题或观点是什么？你也可以考虑一下，是否要在自己的正式演讲或会议议程中做出调整，预先对这些问题进行准备，或是以更好的状态去回答这些问题。

如果你在做准备工作时很难想出令人信服的答案，可以想一想你该如何快速找到答案——也许是通过联系某位知识渊博的熟人，或是在网上做几分钟调查。在你得到满意的答案后，试着把它大声说出来。你可以录下自己的回答，然后回放录音，看看自己讲得如何。如果找不到答案，就想一想你该如何进行即兴回答。当我不知道该如何回答问答环节中的问题时，总是会直接承认这件事，并向听众承诺，我会在一定时间内回复他们。

技巧2：选择对自己有利的问答环节时间

问答环节通常设置在演讲或会议的结尾，但你也可以根据实际情况做出调整。如果你的演讲涵盖多个主题，或者至少分为两个部分，不妨在中间暂停一下接受提问，将其作为从一个部分到另一个部分的过渡。一般来说，自己讲了十多分钟，还不通过提问环节来了解听众，这是不可取的。邀请听众提问会吸引他们的注意力，你还可以看看他们是否在紧跟你的思路。

不过，频繁停顿会使整场演讲或会议过于冗长，它会破坏演讲的整体性，使人很难保持专注。如果你的演讲时长在五分钟之内，在最后进行问答不失为明智的选择。

如果你对某个话题不甚熟悉或者感到紧张，我建议你等到演讲结束后再回答问题。你的自信会随着演讲的继续而增强，你也可能会从听众那里获得一些与自己观点相关的线索，而且他们言之成理，你就可以据此回答随后的问题。这样做还能让你充分熟悉自己准备的材料，即使最后出现了某个意想不到的问题，你也不至于偏离主题。

无论你选择何时回答问题，一开始就应该为听众设定预期。如果他们事先知道你会在最后回答问题，他们就不太可能在中途举手打断你的演讲。他们也有可能会把问题写下来，以便提醒自己在结束时向你提问。清晰地勾勒出你的演讲结构，包括你将在哪里停下来接受提问，设定好听众对接下来的节奏的预期，这样会让每个人都能轻松应对。

技巧3：通过设定边界来掌控全局

在应对问答环节时，你拥有比自己想象中更多的掌控权。在为听众设定预期时，你可以说明你会回答多少个问题、你有多长时间来即兴对答，以及什么样的话题适合提问。一定要清楚地设定这些边界，因为这样做有利于你拒绝回答那些违反你预设规则的问题。

你可以这样说："演讲结束时，我大约有十分钟的时间回答各位关于我的团队正在进行的新项目及其市场潜力的任何问题。"或者，如果你在参加求职面试，你可以说："我很乐意回答与我之前的工作相关的问题。"

在回答现场提问时，一定要严格掌控过程。许多演讲者在演讲的问答环节开始时会说："各位有什么问题吗？"这可不怎么高明。有些听众会以此为由问一些与演讲主题无关的问题。但如果你一开始就设定了预期，就可以再次提醒听众。你可以说："现在，有人对我们的新项目有什么问题吗？重申一下，我大约有十分钟的时间。"

技巧 4：以令人惊叹的方式结束问答环节

假设你已经应用了"ADD"结构和上述其他技巧，而且你的问答环节确实很精彩，你肯定不想在结束时"掉链子"。许多演讲者在结束时都会显得有点虎头蛇尾，嘴里嘟囔着"谢谢"或是"好吧，我想我们就到此为止"，然后慢悠悠地离开舞台。感谢听众对你的关注当然没错，但务必记得在结尾处再次提醒听众你的关键信息或观点，这将为你的演讲增添额外的魅力。你可以这样说："谢谢你们的问题。很显然，我们必须投资这个项目来实现我们的目标。"或者可以说："非常感谢你们提出的问题和建议。我们一定可以协力启动该项目。"你希望听众从你的演讲或会议中获得的最重要的观点是什么，就以它结束你的发言。提前想好结束语会赋予你自信，无论说什么，你都能在结尾处将演讲推向高潮。

技巧 5：在回答他人提问时扮演指挥角色

在小组讨论、团队会议或其他某些情境中，演讲者通常不止一人，会有几位演讲者进行团队演讲。当问答环节涉及多名演讲者时，相关讨论可能会因为缺乏协调而中断——要么没人回答问题，要么几个人都会为了争夺发言机会而抢着回答问题。

采用"管弦乐队指挥"法可以帮助你更加从容地应对这种情况。在问答环节开始前，可以指定一位演讲者在问答环节中扮演指挥的角色。一旦有人提问，此人就会对这些问题予以简单回应，然后根据对团队演讲者专业知识、资历或兴趣水平的了解，安排他本人或其他演讲者来回答。一个好的指挥应该能够确保每一位演讲者都有合理的发言时间。由这样一个指挥来主导问答——有时候他甚至可以直接指向某人或者做出手势，就像真正的音乐指挥一样——整个问答环节都会更加有条不紊、尽在掌握。

技巧 6：如果无人提问，不妨自己提问

问答环节开始后，由听众提出第一个问题并不是一件容易的事，这也情有可原。和你一样，听众也在从聆听独白过渡到对话场景中。他们可能会感到害羞或不好意思讲话，尤其是在听众人数众多时。他们可能有问题要问，但又不愿意第一个开口。

在邀请听众提问时，如果没人立刻举手或是走到麦克风前，请暂停片刻并保持等待。但如果演讲者紧张不安，其做法就会恰恰相反——当他们看到没人提问时，往往会匆匆结束这一环节。在我看来，这种做法略显懦弱无能，因为肯定会有某些人是想要提问的。

有时候，你可能需要亲自扮演"某些人"的角色。如果已经停顿了数秒（我建议你等够五秒），还是没有人举手，那就提一个我称之为"后口袋"式的问题吧。假设你有一个后口袋，准备一张写有某个问题的卡片放入其中，以防这种情况发生。这个问题应该是你想要回答，而且能够轻松应对的问题。你可以这样开始："人们经常问我的一个问题是……"或者"第一次了解这个话题时，有一件事让我很是困惑……"

通常，只要提出并回答第一个问题就足以打破僵局，从而增加别人提出第二个问题的概率。如果听众仍然没有提出问题，这时你就可以轻松地结束问答环节了。这种情况算不上名

副其实的问答环节，但至少你已经提了一个问题，并给出了回答。

实际应用

正如我所言，我们可能需要在各种各样的场景中回答问题——比如，在专业会议上担任小组成员、在播客上接受采访、与老板会谈并阐述过去的表现，甚至是与有可能成为自己未来另一半的人进行第一次约会。针对以下场景中的不同情况，我就如何应用"ADD"结构简洁有力地回答问题提出了一些建议。一定要注意对细节的使用和对相关性的阐述，这会使你的即兴回答更加精彩。

场景1

你正在参加一次工作面试，桌子对面的雇方经理要求你描述一项你最近必须克服的挑战。

一种可能的回应：

首先，确定范围，指出你将描述的是最近工作中的挑战，而非职业生涯中其他领域的挑战。接着，给出你的答案。你可以这样回答："大约六个月前，我和一位同事共事，他没有按时完成工作，影响了整个团队的工作进度（A）。他没有上交用户报告，使我们无法开展我们的纠偏行动计划（D）。为了解决这一问题，我把他叫到一旁，主动提出可以协助他完成这些任务。我对他说，如果需要帮助，请提前两天告诉大家。所以，我总是勇于直面挑战，并且乐于帮助别人（D）。"记住，在回答有关自己面临的挑战或有待改进的方面的问题时，你可以使用答案中相关性的部分（比如本例中第二个 D 的部分）对你的改进措施或计划进行解释，这样面试官就能预判你未来的表现了。

场景 2

你正在接受一档播客节目或炉边谈话的采访。采访者请你分享你与当前正在讨论的话题的关联。

一种可能的回应：

此处的关键是要真正地与听众建立联系。他们会从你身上获得什么价值？你可以这样回答："我对沟通有着浓厚的兴趣（A）。25 年来，我在各种环境中研究、教授并指导沟通技巧（D）。我很高兴能够分享我的多年所学，从而帮助听众朋友们，让你们在沟通中更加从容和自信（D）。"

场景 3

你正身处一场有可能结交新朋友的联谊会。你试图通过问一些笼统性问题的方式"破冰"。有个人问你为何会出席这样一场活动。

一种可能的回应：

"嗯，我喜欢学习新事物和结识新朋友（A）。我发现，这次聚会的宗旨非常有趣且富有教育意义（D）。我希望分享一些自己以往的经验，并期待向您这样的人学习（D）。"

场景 4

你正在和上司们开会，他们在盘问你有关团队专注度和生产力的问题。

一种可能的回应：

"过去两周，我们一直在关注客户服务问题（A）。自从我们发布了新的升级版本，我们接到的电话数量增加了 20%，都是询问产品的两大特定性能的（D）。我们最近创建了一些在线教程，客户第一次打电话过来时我们就会提供给他们。这样，我的团队成员就可以继续专注于自己手头的其他任务。此外，我们计划创建新的在线教程，并在下一次产品升级前主动发给客户（D）。"

注意一下，在这个回应中，引用特定数据的真正作用是什么。这是另一种通过增加细节来强化我们的回应的方式。

感言

前段时间，我以前的一个学生创办了一家小型咨询公司，其业务是帮助企业从物理存储数据的方式过渡到云存储方式。但久而久之，我的学生意识到，如果公司改为销售能替代客户工作的工具，而非销售人工咨询服务，就可以实现过渡过程的自动化，公司业务也能迅速得以发展。在他的领导下，公司开始从销售咨询服务转向销售软件。

你可以想象出来，我的学生手下的咨询顾问和其他员工都很担心。有些人担心饭碗不保，而另一些人则对此深表怀疑——销售了这么久的咨询服务，他们是否还能卖出公司的软件产品呢？为了使公司上下一心，我的学生需要与员工就公司的战略选择进行沟通，有时他甚至会面临一些异常直率和尖锐的问题。

我和他一起努力，帮他培养应对即兴问答场景的能力。我把"ADD"结构教给了他，我们一起练习，帮助他应对某些特定类型的问题。他发现"ADD"结构很有帮助，他清晰的立场和对细节的把控都增强了他的个人可信度。他会详细解释他的回答与员工、客户以及公司使命和愿景的相关性，这一点至关重要。即使员工并不赞成他说的每一句话，他们也能感觉到他这番话是对他们讲的，是在解决他们的担忧。他们觉得自己老板的回答直言不讳、重点突出，且考虑周全。

我学生的回答不但没有浪费所有人的时间，而且意义重大。因此，在公司最难熬的这段时期，他不仅成功地应对了各种质疑的声音，而且还将这些即兴提问视为与员工建立紧密联系的机会，借机传播正确的信息，从而提高了自己的领导地位。

不必一遇到即兴提问就胆战心惊。让"ADD"结构的三个简单步骤赋予你掌控和参与对话的能力吧，你可以用这种方法强化自己的观点，并以更有意义的方式将它传递给别人，而不是一味地做出防御性反应。如此一来，你不但不会削弱自己的可信度，反而能够增加更多的价值。

第 11 章
应用 5：不要在反馈时"掉链子"

关键见解

在提供反馈时，我们经常会站在评判别人的立场上，试图传授智慧或告诉别人该做什么。但如果我们把反馈看作对方在向我们发出一同解决问题的邀请，我们就会发现，在收获更好的短期结果的同时，我们也会在长期内巩固自己与他人的关系。

为何它事关紧要

如果我们一门心思地想要把自己的想法告诉别人，往往就会让对方觉得我们想要建立或保持一种权力关系，而这不但非常危险，还会让对方不愿意听我们说话。如果我们将自己定位为权威的评判者，说话时高高在上，就会将反馈接收者置于被动倾听的位置。乐观一点说，我们虽然表达了自己想要传达的信息，但错过了合作的机会。严重一点说，这可能会带来使反馈接收者处于防御状态的风险，并给对方留下刻板严厉或吹毛求疵的印象。

但是，如果我们把反馈看作对方在向我们发出一同解决问题的邀请，对话的调性就会发生改变。我们不会引发对方的防御反应，而会尝试与对方建立共同的主人翁意识、开放意识和责任感。我们不会对别人指手画脚，告诉他们该做些什么。相反，我们会和他们团结一心，以团队的形式来改进我们正在做的事情或我们的行为方式。在此基础上，我们才更有可能实现真正的进步，从而加强——而非削弱——彼此之间的关系。

精心组织发言内容

在给出即兴反馈时，一个既能吸引对方又能表达协作意愿的有用结构被我称为"四 I"。

信息（Information）：首先，对你要进行反馈的行动或方法提供详细、具体的意见。

影响（Impact）：其次，解释该行动或方法对你产生的影响。

邀请（Invitation）：再次，就你所反馈的行动或方法发出合作邀请。

结果（Implications）：最后，详述采纳或不采纳你所建议的改变将会带来哪些积极或消极的结果。

依次按照上述"四 I"逐步展开，你就可以表达清晰明了且有建设性的信息，并很有可能在未来产生积极的结果。

步骤 1：提供信息

以对对方或其工作的客观评论作为开场白。尽管实践起来可能存在难度，但切忌情绪化，而要坚持说明那些显而易见、证据确凿的事实。

例如：

如果你是老板，正在给一个迟交报告的直接下属提供反馈，你可以说："你可能已经看到了，关于用户净推荐值的报告你提交晚了，而且没有在即将举行的董事会会议之前提交。"

如果你是老师，正在给一名学生提供反馈，你可以说："你第一次考试得了 A，但后两次考试都得了 C-。"

一定要说明你并不打算讨论的内容。在第一个例子中，你可以说："我今天想和你谈谈及时提交报告的事，而不是报告的质量。"在第二个例子中，你可以说："你的课堂表现很好，但我希望我们能讨论一下你为考试所付出的努力。"这种方式有利于界定谈话范围，也可以帮助对方和自己关注重点。

步骤 2：解释影响

要把重要事实摆在明面上，明确表达你的想法和感受，说出你想要看到对方的工作或行为做出哪些改变。直接使用第一人称（例如，"我认为"或"我感觉"）。直接表达这些想法和感受有利于表明该问题对你的重要性。对自己的反应完全负责也有助于减少对方的防御心理，使其不会产生遭到责备的感觉。

例如：

"我知道董事会不太清楚我们上个季度在客户满意度方面取得的进展，我也担心我们可能会错过向董事会成员展示我们的举措如何取得成效的机会。"

"我担心你达不到我们本学期设定的目标，我还担心你可能拿不到这门课的最终成绩，而这门课对你考取自己心仪的大学至关重要。"

在提出你必须讨论和解决的问题时，要清晰无误地阐明其重要性。直接下属可能不太理解其所做的工作与公司宏伟蓝图之间的关联，如果能向对方明确表达该工作的重要性，所有团队成员都将从中受益。同理，学生由于缺乏经验或相关背景，可能也无法理解在学业上懈怠对其未来成功的影响。

步骤 3：发出邀请

向对方提出一个具体而简明的要求，如果对方能够执行该要求，就会实现你想看到的改变或改善。你可以把这个要求设计成一个问题，以鼓励其更深入地参与；或者可以用陈述句进行表述，从而更加明确你们的合作方向。

例如：

"我们如何才能确保你在截止日期前将报告交给首席执行官的办公室主任呢？"或者，"你不妨在董事会会议材料提交截止日期前 24 小时把报告交给首席执行官的办公室主任。"

"我们如何共同努力才能确保你下次考试准备得更充分呢？"或者，"下次考试前，我希望你能够参加我周五的辅导课。"

选择措辞在所有交流中都至关重要，尤其是在提供反馈时。在提问时使用"我们"一词能使双方处于平等地位，从而通过共同努力实现你期待看到的变化。这种方法能赋予反馈接收者一些在解决问题时的主体性或自主权。你在暗示对方，他们的观点也很重要——他们的解决方案很受欢迎，而不会被搁置一旁。

同样地，用陈述性表达发出邀请，而不是简单地将问题抛给对方，这样有助于清楚无误地凸显你邀请对方的行为。如果你之前已经针对该问题提供过反馈意见，或者时间紧迫，直截了当地表达就再合适不过了。

步骤 4：详述结果

最后，请详细阐述如果对方选择听从或拒绝接受你的反馈，将会产生什么结果。这个结果可以是积极的，也可以是消极的，或者二者兼而有之。

例如：

"如果能将用户净推荐值报告按时呈交董事会，就不仅能展现出我们对客户的郑重承诺，而且能凸显你的团队工作的重要性。"或者，"如果董事会成员没有看到用户净推荐值报告，他们可能就会质疑我们在客户满意度方面承诺实现的目标与关键成果，而且他们可能会选择重组我们的客户服务机构。"

"下次考试能得 A 就意味着你的期末总成绩是 A-。你可以想象一下，如果能拿到这个成绩，接下来的几个月你该有多么开心。"或者，"如果我们不设法提高你的考试成绩，你就有可能很难达到去你喜欢的大学所要求的最低成绩。"

精进你的表达

当我们提供即时反馈时，常备"四 I"结构可以让我们的表述更加清晰明了且充满善意。但如何精准实践"四 I"结构也同样重要。请牢记以下几个技巧。

技巧 1：做好准备

如果我们要进入一个我们认为可能需要提供即时反馈的场景，可以通过事先问自己一些问题的方式打磨信息。

- 这个人的行事方式不受大家欢迎，原因何在？
- 给出反馈或不给出反馈，我们会得到什么，又会失去什么？
- 我们期待看到什么样的行为？

开启一段旨在提供反馈的对话时，我们可以询问对方，对方有可能从哪种级别或类型的反馈中受益，或者他想要什么样的反馈。这样做不仅可以使我们专注于自己的内容，而且向对方表达了我们想要合作的意愿。我们也可以问问自己，我们给出的反馈是否有帮助。如果答案是否定的，就可以在最后时刻决定不提供反馈。例如，当一位同事说，他对我们都参加过的一场会议深感失望时，我们可以先问问他是在寻求支持和建议，还是在宣泄情绪。了解他当下的需求有助于我们做出最恰当的回应。

我妻子经常让我对她做过的某件事提意见，结果最后通常是她反过来给我提一些"建设性"意见，告诉我该如何更好地提供反馈。我在发表意见时总是试图给她提供一些建议和替代方案，而她其实希望我多关注一下她的感受。因此，现在在表达自己的想法前，我会习惯性地先问问她最想得到什么样的反馈。

技巧 2：事不宜迟

如果反馈及时，无论它是即兴的还是非即兴的，我们都能获得更好的结果。如果某人的负面行为需要我们的反馈，我们就应该在这种不当行为发生后尽快讲出来。当然，我们也要给自己留出时间来平复强烈的情绪。确定一个你能冷静且有效地提供反馈的首选场合。如果你出于某些原因无法在不当事件发生后立即给出反馈，至少要试着提醒一下对方，你想尽快谈谈所发生的事情。给这件事别个"别针"，好让他们记住这个时刻。

技巧 3：尊重语境

关于及时反馈，此处有一条重要提示：提供反馈的场合也很重要。我们想要提供反馈并实现预期中的影响，那么我们所处的场所是否恰当？考虑到反馈接收者目前正在经历或将要应对的其他事情，此刻是不是一个好时机？

当所有相关的人都做好准备，具备恰当的心理状态并处于合适的物理场所时，反馈效果最佳。当我们在拥挤的公共场所遇到朋友或同事时，可能会想要提供一些反馈。但如果我们想讨论的主题很严肃，这就并不是一个好主意。也许他们会被其他任务分散注意力，也许他们会觉得私下交谈更舒服，也许他们今天心情不佳，无法平静地与我们交流并仔细思考我们说的话——这时我们面临的就是一个"不可教的时刻"（nonteachable moment），资深排球教练鲁宾·尼夫斯（Ruben Nieves）就是这样称呼它的。也许突如其来的反馈会让他们难以接受。

说到语境，我们应该尽可能面对面地提供反馈，尽量不要选择线上环境。线上、书面或电话等方式可能很难实现有效反馈，因为我们无法实时观察对方对我们所说的话的接受程度，也无法根据自己想要传递的信息来调适周围的环境。

技巧 4：语气恰当

当我们使用"四 I"结构提供反馈时，不同的语气可以传达千差万别的含义。假设开会时一位同事迟到了十分钟，而这已经是他第三次迟到了，我们就可以使用"四 I"结构这样说："嘿，我留意到你迟到了十分钟，这已经是第三次了。我觉得你并没有像我一样足够重视这次会议。我们能不能一起想想办法保证你能按时到会，这样我们就能按时完成项目了？"

为了表明事情的紧迫性，在使用"四 I"结构时也可以采用更为严厉的语气，比如："你开会迟到了十分钟。我觉得你没有正视这次会议的重要性。下次请务必提前十分钟到。如果你做不到，我们可能不得不把你从团队中除名。"

注意这两个版本的区别。第一个版本采用了合作的语气，因为我们提出了一个问题，并提议和对方共同解决问题。在第二个版本中，我们的反馈言辞犀利，也会给对方留下更加严厉的印象，因为我们指出了不遵守规定将产生的负面影响。如果我们能明白语气的重要性，并学会控制自己的语气，就能更准确地传递信息。

技巧 5：保持平衡

在每个即兴场合中，我们都不应该只顾努力提供批判性反馈，而是也应该提供积极反馈。在开始使用"四 I"结构前，不妨向反馈接收者说一些积极的内容，你将从中受益。以积极评价作为开场白不仅能强调你在反馈接收者身上及其努力中发现的价值，而且很可能提高他们对你的建设性反馈的接受度。当然，对方可能会认为你对他的赞美和你的建设性反馈同样重要。先称赞某人的着装，然后告诉他们在工作上有所欠缺，这可能会让对方感到尴尬，并觉得你的表述是牵强甚至虚伪的。最好赞美对方做出的实际贡献，比如在最近一次会议上提出了重要的问题，或者始终如一地为公司的新员工提供帮助等。

技巧 6：监控情绪

在提供反馈时，我们应该密切关注接收者的反应方式。如果对方变得戒心很强、情绪激动或心不在焉，我们就要调整自己说出的信息。同样地，我们可以在谈话中留意自己的情绪状态。我们是否过于激动，导致无法有效沟通？我们是否可以增加或减少情绪化的内容，从而更有效地表达自己的观点？如果谈话开始变得情绪化，不妨承认这些情绪，但不要点破它们，然后回到更客观的问题上。点破情绪是有风险的。如果我注意到你看起来有些心烦意乱，你可能会说："不，我没有——我只是很沮丧。"结果，我们会就情绪状态争论不休，而不再专注于解决手头的问题。想要看破情绪而不点破，你可以这样说："我能从你的声音中听出来这对你有多么重要。我相信我们可以通过制订明确的时间表来找到合适的解决方案。"

技巧 7：保持专注

我们在当下可能有很多条反馈意见想说，而不是只有一条。一个很好的经验法则是"少即是多"。切忌给出太多反馈，这会让接收者不知所措，而且他们可能会一条都听不进去。我们最希望看到对方做出的一到两项改变是什么，或者希望对方知道的一到两件最重要的事情是什么？ 把精力集中在这些方面，其余反馈留待下次再提。

实际应用

在以下三个场景中，你可能会发现自己身处不同的即兴反馈情境，包括别人请你提供反馈，以及鉴于你所目睹的行为，你觉得有必要向他人提供反馈。关于当你在权力或地位上较对方占优势或劣势时又该如何应对，我也尝试给出了一些建议。在所有这样的情境中，你都可以使用一些特定手段，比如选择措辞、如何发出邀请（以问题、建议或陈述形式），或在谁面前、在哪里提供反馈。你对"四 I"结构运用得越是自如，就越能专注于这些手段的运用，从而在沟通中体现出细微差别。

场景 1

你的同事请你过去看一下他们打算发给一位潜在客户的一封电子邮件。这封邮件写得含糊不清，令人一头雾水。

一种可能的表述：

"我注意到邮件长达三段，但结尾没有明确表达请求（信息）。如果我收到这封邮件，我会感到很困惑（影响）。我有两个建议：第一，删除上次会议的总结，附上会议纪要链接即可；第二，在电子邮件的主题栏中写明你想要采取的行动（邀请）。通过这些改动，我认为潜在客户马上回信的可能性会更大（结果）。"

场景 2

每当老板向你的团队致谢时，他都会更多地关注和认可团队中男性成员的投入，而忽略女性成员。这让许多女性成员感到不舒服，影响了她们的士气。

一种可能的表述：

"我只是想提醒您注意一下，今天征求意见时，您只点名让男性发言，而举手的女性都没有获得发言的机会（信息）。

我担心这会向团队中的女性传递一个信息：您并未像重视男性的工作那样重视她们的工作（影响）。我能做些什么来帮助您，从而让团队中的女性更多地参与进来呢（邀请）？如果我们能解决这个问题，我相信您会发现，团队中的每一个成员都有自己独到的见解，都能帮助我们解决您指出的具体困难（结果）。"

场景 3

你和孩子正在参加一场社交活动。其他客人都在交际和了解彼此，而你的孩子却全神贯注地玩着手机，并没有参与进来。

一种可能的表述：

"你只顾低头玩手机，都没有理会刚刚跟你打招呼的两个人（信息）。我觉得你不参与到大家的互动中很不礼貌（影响）。请把手机调成静音，并在接下来的 10 到 15 分钟内把它放在一边（邀请），否则，在我们回家前，我会一直替你保管手机的（结果）。"

感言

近年来，我帮助过一位名叫爱丽丝（Alice）的斯坦福大学博士生，她后来在一所常春藤盟校教授传播学课程。她和我交情颇深，我们在很多方面都有合作。开始教书没多久后，爱丽丝给我打来电话说她感到十分沮丧，因为她的第一次学生评教结果很差。虽然学生对她所教内容的价值颇为认可，但他们觉得她给他们布置的材料太多了。爱丽丝想征求我的意见——她该不该把学生的批评放在心上呢？看到她在面对学生负面评价时的反应，我又作何感想？

我利用"四I"结构指出了她的问题所在：她的教学大纲中有大量设置了截止日期的作业和阅读材料，而且她的大多数截止日期都设在周一，这意味着她的学生可能需要在周末完成很多作业（信息）。我进一步说道，通过进行简单的调整，她可以稍微修订一下自己的教学大纲，使其更符合学生的时间安排。我告诉她不必因学生的负面反馈而感到不安（影响）。为了鼓励她解决问题，我以自己的教学大纲为例，告诉她应该如何更加合理地设置作业的截止日期（邀请）。最后，我说道，如果她能根据学生的反馈采取行动，她就可以改进自己的教学，今后一定能得到更高的评价（结果）。

爱丽丝将我的反馈牢记于心，不仅调整了自己对学生反馈的态度，而且改变了布置课堂作业和阅读材料的方式。一个学期后，她打电话告诉我，新一轮的学生评教结果出来了，她很开心，因为这次学生给她的教学评价好多了。她对我给予她的反馈和支持深表感激。这件事让我们的关系更紧密了，它也开辟了我们在专业领域合作的新机会。

　　给予反馈是我们向他人表达担忧和关心的一种方式。不妨投入时间把它做好，这样不仅可以帮助他人，而且有利于培养长期关系，建立尊重和信任。发出合作邀请会让你受益匪浅。

第 12 章
应用 6：道歉也需要秘诀

关键见解

本书中提到的许多技巧都可以帮助你在即兴发言时展现出自己最好的一面。但如果你犯了错会发生什么呢？当你无意中冒犯到别人或是行为不够妥当时，又该如何应对呢？

懂得如何道歉是一项有用的技能，尤其是在即兴场合中，我们通常需要冒更多的风险才能让真实的自我闪耀。但很多人都不知道的是，道歉也有秘诀。在我们冒犯他人后，如果我们在道歉时笨嘴拙舌、言语不当，或是根本没有向对方道歉，就会让情况变得更糟。对方可能会大失所望地离开，会认为我们不善言辞、不够真诚或是不尊重他人。当错误不可避免地发生时，未能有效地与听众沟通，从而建立联系并开展合作，或是未能及时解决问题，都可能会导致冲突和怨恨。因此，了解有意义的道歉应该包含哪些关键组成部分，并形成一个连贯的框架，有利于避免上述情况发生。

为何它事关紧要

"永远不要道歉，先生，那是软弱的表现。"约翰·韦恩（John Wayne）在 1949 年的电影《黄巾骑兵队》（*She Wore a Yellow Ribbon*）中饰演的一个角色如是说。这就是一种典型的误解，如今一些公众人物经常这样做，他们要么不愿道歉，要么勉强道歉。需要明确的是：道歉并不是软弱的表现。相反，它代表着勇气和力量。它表明，我们在乎自己和别人的关系——无论是我们和熟人还是和陌生人之间的关系——为了给每个人营造一个舒适而有益的环境，我们愿意把自我放在一边。

在人际关系中，通过道歉可以达到多种目的。显而易见的一种是，道歉有助于减轻别人对我们的愤怒和沮丧，并降低他们试图报复的概率。道歉还会让别人放心，在道歉的过程中，我们不会再次做出冒犯行为，从而获得对方的信任，并有可能让双方在未来有进一步互动。精心设计的道歉能让别人看到，我们不是真的想"犯浑"，我们行为失当只是情境使然——我们的本意是好的，但在当时的情况下，我们无法展现出自己最好的一面。通过道歉，我们还可以表达对别人的共情，从而加深我们与被冒犯者之间的联系。

精心组织发言内容

为了确保道歉能达到预期效果，不妨采用我称之为"AAA"的结构。你可以把它想象成道路救援——当你陷入困境时，它能够帮助你。该结构具体如下。

承认（Acknowledge）：首先，要能发现自己的冒犯行为并为之承担责任。

理解（Appreciate）：其次，公开接受你的冒犯行为已经对他人造成了影响这个事实。

弥补（Amends）：最后，详述你将如何弥补自己的过失，明确指出你将采取什么行动或避免什么行为来补救当下的情况，或者你的想法将发生什么样的改变。

没有哪一种道歉是适用于所有情况的。被我们伤害的人会根据我们的错误行为及其影响的严重程度来评估我们的道歉。如果我们碰巧开会迟到了五分钟，只要言之有理地道歉就够了，但如果我们无意中侮辱了某人或使某人难堪不已，这样就不太够了。不论我们的过错有多么严重，那些被我们伤害过的人都希望看到我们坦承自己的所作所为；要承认我们的过错对他们产生的影响，尤其是在情感层面上；还要明白自己该如何补救。如果我们能集这三个要素于同一个结构，我们就可以确保自己的每一次道歉都很有可能抚慰对方受伤的感情，并向对方投射我们的同理心。让我们仔细研究一下这些要素以及该如何应用它们吧。

步骤 1：承认自己的行为并承担责任

我们常会听到有人大发"不道歉"言论，他们从不承认自己的错误行为或为之承担明确的责任。他们可能会说："如果我说的话冒犯了你，我很抱歉。"就好像他们所说的话都是合情合理的，而通情达理的人也不会因为他们的话而生气。他们可能会说"我有时说话不过脑子"，但并不会直接说明他们是在为冒犯别人的那些话致歉。他们可能还会说："很抱歉冒犯了你，但你说的话同样让我感到很不开心。"他们给出的解释似乎是在责怪对方或当前的情况，并为自己推卸全部或部分责任。

在道歉时不要试图为自己的行为辩解，或者淡化和搪塞。道歉的重点不是你给别人带来了什么样的感受，而是你需要承认自己到底做了什么或没有做什么，这样的道歉才是真正有效的。你需要清楚地描述自己采取了哪些行动或没有采取哪些行动。表述要具体，切忌泛泛而谈。记住，道歉需要勇气。切忌用含蓄隐晦或模棱两可的"假道歉"为自己开脱。

例如：

"我很抱歉拖到最后一刻才测试这个系统。"

"我很抱歉在举例时只使用了指代男性的词和男性的名字。"

"我很抱歉当着别人的面质疑您对我们项目的付出。"

步骤 2：理解冒犯行为造成的影响

在明确点出了某个让自己后悔的行为后，你现在就可以表达对对方的共情了。你应该清楚地表明，你的行为不仅是错误的，而且在某种程度上会给别人带来伤害。你应该向对方表明，你明白自己的作为或不作为造成的全部影响和后果，包括对对方造成的情感伤害。

你可能想要对自己造成的不良影响尽量轻描淡写，但这种做法大错特错。被你的作为或不作为所伤害的人承受着你的行为造成的情感冲击。任何"客观看待、理性分析"的做法不仅是对对方反应的贬低，而且是在为自己减轻负担。在向自己十几岁的孩子道歉时，你可能会告诉他们，你送他们上学时，当着他们朋友的面轻吻他们的脸颊"没什么大不了的"，但你必须记住，这个小小的吻对他们来说非同小可，它不仅会让他们在学校里失去地位，而且会让他们非常尴尬。你百般辩解又漠不关心的样子会让情况变得更糟。在任何情况下，在道歉时，你都应该尽可能地表现出你真的"明白"自己的行为为什么是有问题的、它为什么会伤害别人。

例如：

"不得不先等待漫长的软件升级完成，然后再进行安装，这占用了您宝贵的时间，耽误了您的项目。"

"使用男性化的术语会弱化女性对这项工作所贡献的价值，而且会削弱她们的积极性。"

"公开质疑您的付出贬低了您在团队中的形象，还会让大家觉得您的贡献不如团队中其他人的贡献有价值。"

步骤 3：详述你将如何弥补

如果你为某个错误承担了责任，也承认了它所造成的影响，却不愿意就如何弥补进行表态，你的道歉就不会有太大的分量。管理不善的公司总是在犯这样的错误。当公司的产品不合格并造成了伤害时，相关发言人会表达同情并承担责任，但接着只会闪烁其词地表示公司打算"做得更好"，并不会明确说出接下来计划采取的措施。不知何故，似乎什么都没有真正地发生改变。这反过来会导致客户对这样的公司丧失信心，并且充满怀疑。

为了避免破坏你和对方的关系，你可以明确表达自己在不久的将来会做些什么，以避免再次出现冒犯行为。通过明确而具体的表述，你可以向被伤害的人表明，你很认真地想要弥补过失，同时你也在含蓄地告诉他们可以向你问责。

例如：

"为了避免这种情况再次出现，我将在演示开始前一小时测试系统。从下周起我就会这样做。"

"下次开会之前，我一定会找到各种各样的例子，这样我就不会只引用男性的故事和男性的名字了。"

"以后如果我对您的表现有任何疑问，我会私下找您谈的。"

精进你的表达

在道歉时使用"AAA"结构可以让你和被伤害的人都能有效地应对已然发生的事，并达到比较好的效果。然而，仅仅使用正确的结构是不够的。我们如何以及何时表达歉意也至关重要。下面我会就如何有效使用"AAA"结构作进一步阐述，以提升道歉的效果。

技巧 1：不要提前道歉

如果你认为自己有可能会在某个场景中犯错，你也许会想要通过先请求对方原谅自己的方式来减少损失。你可能会说：
"我大概会迟到 30 分钟，为此我提前道个歉。"或者，"在鸡
尾酒会上我肯定要忙着招呼众人，如有照顾不周请多加原谅。"
或者，"我要讲的内容比较多，所以我们的视频会议可能会持
续比较长的时间。"再或者，"我真的很紧张，可能会打磕巴，
为此我提前道个歉。"

虽然你可能想通过提前道歉的方式表达你对对方感受的尊
重，但这些话往往会适得其反。它们通常会让对方怀疑你的诚
意：如果你知道自己的时间规划和会议时间不一致，为什么不
提前调整安排或调整自己的演讲内容来解决这个问题呢？ 如
果你真的在意他们的感受，为什么不改变自己的行为呢？ 事
先道歉还会让听众将注意力放在你的过错上，他们要么会刻意
寻找你的错误，要么会在你真的犯了错时牢牢记住它。

如果你怀疑自己可能会冒犯某人，不妨先厘清自己脑中事
务的轻重缓急。在不会给自己带来不必要的麻烦的前提下，如
果能改变你的计划或行为，从而避免冒犯别人，就做出改变吧。
如果无法改变，就要在事后尽你所能地道歉。

技巧 2：道歉不宜过晚

的确，晚一点道歉总比不道歉好，而有时受环境所限，你
也无法立即道歉。在与首席执行官开会时，你越过某位同事说

了话，显得对他不够尊重，你最好等到会议结束后再向同事道歉，而不是当时马上道歉——这样可能更加稳妥。如果你在送孩子上学的路上说了一些冒犯性的话，你可能要等到孩子晚上回家后再进行道歉。

一般来说，正如我在讨论反馈时所建议的那样，如果我们的行为冒犯了别人，越早道歉越好。这样，我们才能避免对方的怨恨和愤怒愈演愈烈。马上道歉能让对方看到我们对自己犯错的行为有所觉察，而且承担了责任，这样能让他们更清楚地感受到我们的善意。及时道歉也有助于减轻我们因伤害了别人而无法摆脱的压力。及时说点什么，这样双方才能轻松前行。

技巧3：具体、清晰、简短

说到道歉，充分即过度。当我们对自己所做的事情感到内疚时，我们常常会因担忧自己的形象受损，或是对他人的感受造成了负面影响而焦虑不已。我们可能会对发生过的事情感到羞愧、对所造成的伤害感到焦虑，所以我们会不断地道歉，希望能阐明自己的观点。反复道歉可能会让我们在当下感觉好受一些，但被我们伤害的人可能会觉得这样很烦，甚至觉得受到了骚扰。如果过分强调我们所做的事情，就有可能会加深对方脑海中对此事的印象，导致他们比原本更加生气。如果我们正在试图准确地评估自己造成的伤害，过度道歉并不能使对方冷静下来，只会让情况变得更糟。

尽管做起来颇有难度，但我们在道歉时应该做到结构清晰和真心诚意，然后就此打住。我们应该相信，对方也会豁达大度、理智冷静地接受我们的悔悟——如果不是在事发的当下，那就是在对方冷静了一段时间并且能够保持一点距离地看待此事时。

重复同样的道歉话语是过度道歉，觉得自己不得不为一点小小的失误而道歉也是过度道歉。如果我们意识到了自己的过失，但它微乎其微，这时就无须道歉。开会迟到了一两分钟，我们是否就应该使用"AAA"结构呢？ 我们说了一些合情合理、好心好意的真话，又担心对方可能无法准确理解，我们是否应该道歉呢？ 如果我们总是在道歉，道歉就会失去意义。道歉需要我们把握平衡、深思熟虑。如果你非常确定自己已经做出了实质性越界行为，就要给出同样实质性的回应。你希望别人怎样对待你，你就要怎样对待别人，这条原则放之四海而皆准。

实际应用

"AAA"结构适用于很多种情形，可以应对大大小小的过错。想要了解如何有效地运用该结构，不妨参考以下几个场景。

场景 1

工作越来越难做，你背负着巨大的压力。你在一场会议上发了脾气，表现得有失妥当，且对某位同事很失礼。当天下午晚些时候，你在走廊碰到了这位同事，并注意到对方情绪不佳。

一种可能的表述：

"我很抱歉，在你解释自己的观点时，我提高了嗓门，还打断了你的话。都是我不对（承认）。我知道我这么爱争辩并不受大家欢迎，还会让团队成员感到不舒服，影响大家的协作（理解）。从今天开始，我情绪再激动，也会等轮到我时更轻声地讲话，并在发表自己的看法前总结他人的发言内容（行动）。"

道歉者并未试图为自己的行为辩解，而是简述了自己冒犯他人的行为。在描述影响时，他不仅提到了被冒犯的一方可能受到的影响，而且提到了自己对整个团队造成的负面影响。该做法更有可能让被冒犯者认为道歉者完全明白自己的行为所造成的伤害。此外，要避免公开羞辱对方或试图私下道歉了事，这一点至关重要。在这类场景中，公开及时的道歉将会大有不同。

场景 2

你正在和某位同事合作一个项目,该同事与你母语不同。由于语言不通,你没有征求对方的意见,而对方因被排除在外深感沮丧。

一种可能的表述:

"我感到非常抱歉,因为我很难理解你在说什么,所以我去找了别人,去倾听和寻求他们的建议(承认)。我知道这样做相当于把你排除在了谈话之外,这一定让你感觉很不舒服(理解)。下次我会请大家在聊天窗口中表达自己的观点,这样我就可以平等地看待每个人的想法,也能更专注于深入理解你和其他人说的话了(行动)。"

在该场景中,道歉者所言是切实可行的:要确保每个人都能自在地表达自己的观点,即使有时很难理解非母语人士在说些什么。请注意,在第二步中,道歉者在表达对对方的同理心,但较为含蓄巧妙。而且道歉者承认,被排除在谈话之外会让对方感到不快,甚至可能会被看作一种侮辱。

场景 3

你正在通过线上通话参加一场压力巨大的大型商务会议,

你非常紧张。你发现自己念错了一个人的名字，这让你焦虑不安。你不想小题大做，但又觉得有必要道歉。

一种可能的表述：

"我很抱歉叫错了您的名字，这个词该怎么读呢（承认）？我可以想象到，被人叫错名字的感觉并不好，而且您可能也不好意思纠正我（理解）。今后，我会在会议开始前查看与会者名单，并确认每一个名字的读音（行动）。"

在上述场景中，道歉者不仅公开承认了自己的错误，而且向对方请教该词的正确读音。这样的做法不仅表明道歉者有意愿纠正自己的错误，而且能确保其他人不再犯同样的错误。承认自己的错误，并理解对方可能不太好意思纠正自己的错误，这是关键所在。

感言

不久前，我在与一位同事共同教授一门沟通课程时犯了一个相当严重的错误。当时我们正在讨论向听众说明数据背景的重要性，因为在面对一串数字，却缺乏对其加以理解或评估的足够信息时，听众会毫无感觉。这并不是一个特别招人反感的话题。但，稍等。

为了讲明白这件事，我给全班同学讲了一个故事，故事的主人公是我几年前指导过的一位高管，他是全球几大银行之一的高层领导。他在报告中提及，他所在的银行每天经手的金额简直是个天文数字。我告诉全班同学，我建议这位客户不但要提到这笔钱的数额，还要想办法让他的听众理解这个数字有多大。经过一番计算，这位高管最后在报告时说道，他提及的金额相当于全世界财富总额的 25%。

在讲述这个例子时，我一开始颇为得意，因为这样能让我的学生清楚地记住如何才能让自己的数据对听众来说足够形象生动。但后来，我注意到有一个学生双臂交叉置于胸前，他望着墙的方向，眉头紧锁。这节课的后半段，这名平时激情四射、侃侃而谈的学生一言不发、若有所思。显然，我说的某些话让他很是不满。下课后，我走近他，问他怎么了。他告诉我，我的例子中提到的那家银行刚刚取消了他房子的赎回权。听到这家银行每天经手那么多钱，他深感自己处境之窘困，这让他感觉更糟糕了。

我听后很难过，并用"AAA"结构向他道了歉。我说我为提到这家银行及其营收情况深感抱歉。我告诉他，我明白自己举的例子会让他产生什么样的负面情绪，我保证自己今后会尽可能地谨慎，避免举一些可能会让听众感到痛苦或不舒服的例子。

但是，如果没有一个可以依赖的结构，我可能就会遗漏自己想要传递的部分信息，从而漫无边际地闲扯。"AAA"结构可以帮助我集中精力，快速又言简意赅地进行道歉，同时强调了我的鲁莽行为如何对这位学生造成了负面影响。我敏锐地觉察到了异常，并且及时地做出了回应，我的学生对此很是欣赏，也很快原谅了我。在接下来的课上，他又能全身心投入并充满热情了。我自己也从这件事中学到了宝贵的一课。

　　每个人都会犯错，这意味着，如果我们学会了道歉的秘诀，所有人都能从中获益。"AAA"结构要求，当我们把一件事搞砸时，不论我们当时的情绪如何，都要以共情和负责任的态度行事。它促使我们站出来，放下防卫和自我，在修补关系裂痕时展现出一些谦卑和自我觉察。与大众普遍认为的恰恰相反，道歉并不意味着软弱。其实，它是我们表达自己在乎并愿意努力改进的最佳方式之一。

结语

　　2022 年夏天，我曾经的学生、澳大利亚游泳运动员安娜贝勒·威廉姆斯（Annabelle Williams）接到了一个需要即兴沟通的任务，这种情况可能会让大多数人如临噩梦、手足无措。威廉姆斯是残奥会的金牌得主，创造过五项世界纪录，她当时正在担任英联邦运动会游泳赛事现场直播的解说嘉宾。有一天，她接到了电视台打来的紧急电话，说她的一位同事突然上不了场了，威廉姆斯的经纪人想让她临时救场，和其他人搭档主持一档黄金时段节目。

　　这对威廉姆斯来说是一个前所未有的机会。她从未和别人搭档主持过黄金时段节目，该时段节目覆盖广泛，观众数量超过 100 万。她因此倍感焦虑。在主持一项重大体育赛事前，解说员往往会花费数周时间调研，提前做好准备。如此一来，如果发生了什么意外情况，或是节目出现了较长时间的空当，他们就可以迅速想到一些有趣的素材，并做出反应。威廉姆斯针对游泳比赛进行过广泛的调研，但作为这档知名电视节目的联合主持人，她需要对各类体育项目进行报道和评论。除了能谈论一些体育常识，她毫无准备。

　　不过威廉姆斯还是同意救场。当天晚些时候她就要首次出镜了，留给她的准备时间只有四小时。她把两个年幼的孩子交给母亲照顾，在电视演播室里跑来跑去，尽最大努力协调服装和化妆事宜，和电视台的制作团队一起核对节目调度安排。为了缓解紧张情绪，她决定写下自己的开场白，看着提词器进行朗读。她期待的是，等前几分钟过去，她就会进入状态，一切都会顺利推进。

当晚，当她的男搭档对她上节目表示欢迎时，威廉姆斯还表现得冷静自若。但过了一会儿，灯光亮起，摄像机开始直播，噩梦降临了。她的搭档把她打在提词器上的稿子读完了，她盯着提词器，想看看有没有他准备的稿子，结果什么都没找到——屏幕上一片空白。

在接下来的几分钟里，在超过 100 万名观众的注视下，威廉姆斯不得不即兴谈论沙滩排球和百米跨栏比赛，而她对这些赛事几乎一无所知。

威廉姆斯面临的窘境是极端个例，大多数人有生之年都不太可能遇到如此考验能力的时刻。但正如我们在本书中所看到的那样，每一天，在形形色色的社会语境中，需要即兴发言的场合无处不在。我们经常会毫无预兆地被要求站出来，在同事、老板、客户、家庭成员，甚至是完全陌生的人面前表达自己。虽然内心的恐惧和过往那些不太好的经历可能会让我们在这样的时刻如临大敌，但切莫让它们阻止我们在这一刻迎难而上、出色应对。无论我们认为自己多么和蔼可亲、善于交际和能说会道，通过运用我所讲的"脑子快一点、嘴巴巧一点"方法以及我所提供的在特定语境中可以使用的结构，我们都能变得更加自如和自信。

正如我们在本书中所看到的那样，该方法有六个步骤。

第一，众所周知，一般性沟通，尤其是即兴发言，总会让我们神经紧绷——我们必须承认这一点。我们需要制订一个管控焦虑的个性化方案来应对我们的紧张情绪。（保持冷静）

第二，我们需要反思自己的沟通方式，以及我们评判自己和他人的方式，并将这些情况视为互通有无、通力协作的机会。（释放潜能）

第三，我们需要允许自己采用新的思维方式，勇于承担风险，并将错误视为"错过的镜头"。（重新定义）

第四，我们需要认真倾听别人在说些什么（或者没有说什么），同时也要关注自己内心的声音和直觉。（学会倾听）

第五，我们需要利用故事结构让自己的想法比之前更易于理解、更清晰明确、更令人信服。（组织安排）

第六，我们需要尽可能地让听众关注我们所说内容的本质，尽量做到准确无误、息息相关、易于理解和简洁明了。（聚焦重点）

在发言时，通过采取一系列有效的策略，我们就能实践这六个步骤提出的要求。但更为根本的是，这六个步骤代表了我们必须持之以恒培养的几项技能，因为我们常常需要为可能出现的即兴发言场景做好准备。许多人认为，想要在处境为难时还能口角生风是需要天赋的，即思维敏捷、能说会道。虽然一些人确实拥有这些天赋，但即兴发言的真正秘诀在于练习和准备。如果投入大量时间，学着打破旧有习惯，并练习做出更多深思熟虑的选择，每个人都能马上成为出口成章的发言者。但矛盾的是，我们必须提前做好准备，才能在即兴发言时表现出色；努力培养这些我们已经明确的技能，可以让我们突破约束，充分展现自己的想法和个性。

就像学习任何新技能一样，它有助于减轻你给自己施加的压力。你不必给自己施加压力，要求自己一口气掌握即兴沟通的所有技巧。此外，你以这种方式专注于提升自己，这本身就足以值得庆贺。大多数人要么不会思考即兴发言这件事，要么即使想了，也没有足够的勇气去采取任何行动。你具备远见卓识，而且无所畏惧，你能率先拿起这本书就是最好的证明。我敢打赌，你已经走上进步之路了。衷心希望你通过阅读这本书，并尝试其中的一些练习，能在即兴场合中更加轻松自如地进行交流。

在接下来的几周、几个月、几年里，我想邀请你继续关注即兴沟通，并对书中讨论过的技巧加以练习。你可以尝试出席一些社交场合，并实践书中提到的一些技能和技巧。但这样的实践不能浅尝辄止或偶尔为之，如果可以的话，每周都要有意识地多练习几次。即使你并不想成为《周六夜现场》（*Saturday Night Live*）的下一位演员，也可以考虑报一个即兴喜剧培训班。可以加入国际演讲协会、听一些播客（比如我的播客）、学习线上课程，并征求可信赖的朋友的意见，看看你是否取得了进步。这本书仅仅是一个开端，它有助于开启你作为一名优秀沟通者的持续成长和发展之路。我希望你在继续前行或需要补漏时可以随时翻阅它。我相信，一旦你开始取得进步，你就会发现"脑快嘴巧"有多么重要，你也会意气风发地继续往前走。

想要游刃有余地进行即兴沟通，需要锲而不舍、全力以赴和处变不惊的精神，从我指导和教导过的人的身上可以看出，这种影响足以改变他们的人生。

安娜贝勒·威廉姆斯就是一个很好的例子。虽然承受着在电视直播中进行即兴沟通的重压，但她并未紧张到说不出话，也没有因此退缩。因为她已经花了数年时间学习如何应对焦虑、如何积极地重构沟通任务、如何重点突出地讲话，所以她有信心在这种意想不到的情况下迅速适应并渡过难关。镇定下来之后，她想起了一些她碰巧知道的关于沙滩排球和百米跨栏比赛的零星事实。她将这个艰难的时刻重新定义为分享这些事实的机会，即兴发表了一些简短的评论。随后，她将镜头切换到现场采访场景中，一切都很顺利——艰难时刻过去了，她表现得很出色。最终，英联邦运动会最后四晚的黄金时段节目都是她参与主持的。这段经历令她十分兴奋，用她自己的话说就是"棒极了"。谁知道这次成功的经历在未来还会对她产生什么样的影响呢？

　　在本书的结尾，我想分享一个在我心中颇具分量的小故事。刚拿到黑带时，老师握着我的手说："恭喜你，你做得很棒。现在，让我们开始吧。"我以为拿到黑带就是莫大的成就，是长期学习之路的终点。而事实上，我只迈出了第一步，要学的东西还有很多。即兴沟通也如出一辙。祝贺你读完这本书！你更懂得如何专注于当下、充分展现自己的个性，以及如何在众目睽睽之下进行沟通了。

　　话不多说，现在，让我们开始吧。

附 录

在特定场景中可以使用的结构

实际应用	可用结构
应用 1： 闲聊	是什么—为什么—怎么办：提出论点或观点（是什么）；描述其重要性（为什么）；基于这个新认识，告诉听众可以做什么（怎么办）
应用 2： 祝酒词	WHAT：解释我们缘何至此（Why）；表明你与此有何关联（How）；讲一些与你要纪念的个人、团体或事件有关的轶事和（或）你的收获（Anecdotes）；对你所纪念的个人、团体或事件表达感谢并致以良好祝愿（Thank）
应用 3： 推销	问题—方案—益处：对你正在解决且听众感同身受的困难、议题、痛点或问题加以定义（问题）；提出问题的解决方案，详细说明解决问题的具体步骤、过程或方法（方案）；描述采用你所提议的解决方案将产生的益处（益处） 更多结构： 如果你想获得他人对某个新的或正在成长中的商业风险项目的支持，还可以借助以下句式继续发言： "如果您能……会怎样？" "如此一来……" "例如……" "不仅如此……"
应用 4： 问答环节	"ADD"结构：用一句话回答问题（Answer）；详述具体的例子来支撑你的答案（Detail）；描述益处，解释为何你的答案与提问者息息相关（Describe）
应用 5： 反馈	"四 I"结构：提供信息（Information）；解释影响（Impact）；发出邀请（Invitation）；详述结果（Implications）
应用 6： 道歉	"AAA"结构：承认自己的冒犯行为并为之承担责任（Acknowledge）；对你的冒犯行为影响了他人表示理解（Appreciate）；详述你将如何弥补过错，明确指出你将采取什么行动或避免什么行为来补救当下的情况，或者你的想法将发生什么样的改变（Amends）

致谢

这本书源于当时与我素未谋面的利娅·特劳夫博斯特（Leah Trouwborst），她给我打了一通电话，在我说了很多遍"是的，或许……"后，她最终让我说出了"是的，而且……"。随后，我的经纪人克丽丝蒂·弗莱彻（Christy Fletcher）和她的团队成员，尤其是萨拉·富恩特斯（Sarah Fuentes），在帮助我实现"是的，而且……"的过程中发挥了关键作用。对此，我深表感激。克丽丝蒂还教会了我，"还没有"不仅是成长型思维中的一个"咒语"，而且是一种有效的协商策略。我们的协商取得了圆满成功，因为与我共事的是西蒙元素（Simon Element）的优秀团队，成员包括理查德·罗雷尔（Richard Rhorer）、迈克尔·安德森（Michael Andersen）、伊丽莎白·布里登（Elizabeth Breeden）、杰茜卡·普里格（Jessica Preeg）、娜恩·里滕豪斯（Nan Rittenhouse）、英格丽德·卡拉布莱亚（Ingrid Carabulea）、克莱尔·莫勒（Clare Maurer），以及我的编辑利娅·米勒（Leah Miller）。利娅总是不厌其烦，且见解独到，对我帮助极大。最后，能与我在写作上的领路人、我的新朋友塞思·舒尔曼（Seth Schulman）合作，我深感荣幸。塞思的专业知识和经验为本书添彩不少，也让我学到了很多。

本书中涉及的见解、认识和实践性知识得益于许多人的慷慨相助。首先，我要感谢我所有的学生、我指导过的客户、我的播客嘉宾和听众们。看起来是你们在向我学习，实际上我从你们身上学到了同样多的东西。我还要感谢我的初稿读者们：莱恩·埃曼（Lain Ehmann）、戴维·保罗·多伊尔（David Paul Doyle）、邦尼·赖特（Bonnie Wright）、塞润妮·华莱士（Serene Wallace）和克林特·罗森塔尔（Clint Rosenthal）。感谢你们不辞辛苦地阅读每一页。

接下来，我要感谢亚当·托宾——我担任即兴发言教练时的搭档、朋友和导师。感谢你，亚当，是你让我看到了即兴发言对于改善沟通和生活质量的力量。能与克里斯廷·汉森（Kristin Hansen）、劳伦·温斯坦（Lauren Weinstein）、肖文·杰克逊（Shawon Jackson）和布伦丹·博伊尔（Brendan Boyle）共事，我感激不尽。同时，我想对 J. D. 施拉姆（J. D. Schramm）、艾利森·克卢格（Allison Kluger）和伯特·阿尔珀（Burt Alper）深表感谢，是他们给予我无私帮助，并与我分享知识。感谢斯坦福大学商学院和继续教育学院，是你们的鼓励让我有了不断创新的动力，从而为学生创造出有价值的内容。我还要感谢斯坦福大学商学院的负责人们，感谢你们对我的教学、工作坊和播客的鼎力支持。

说到"脑子快一点、嘴巴巧一点"这档播客，我要感谢我出色的执行制作人珍妮·卢纳（Jenny Luna），以及斯坦福大学商学院的整个营销传播团队，无论是曾经的成员还是现在的成员：索雷尔·登霍尔茨（Sorel Denholtz）、佩奇·赫策尔（Page Hetzel）、凯尔西·多伊尔（Kelsey Doyle）、尼尔·麦克费德兰（Neil McPhedran）、科里·霍尔（Cory Hall）、特里西娅·赛博尔德（Tricia Seibold）、萨夏·勒丹（Sacha Ledan）、艾琳·萨托·章（Aileen Sato Chang）、迈克尔·弗里德曼（Michael Freedman）和莎娜·林奇（Shana Lynch）。除此之外，我也非常感谢斯坦福大学的几位作家的倾情投入和悉心指导，他们是珍妮弗·阿克、娜奥米·巴格多纳斯、鲍勃·萨顿（Bob Sutton）、蒂娜·齐莉格、杰里米·厄特利（Jeremy Utley）、萨拉·斯坦·格林伯格（Sarah Stein Greenburg）、卡罗尔·罗宾和帕特里夏·瑞安·马德森。

理查德·阿里奥托（Richard Arioto）是我的老师，已经教了我40多年，他教给我的东西一直指引着我空手道道场之外的生活方向。我还要感谢菲利普·津巴多（Philip Zimbardo），是他让我明白了教学必须吸引学生，而研究也可以是一门有创造性的艺术。还有我研究生院的教授们，是他们帮助我坚定了对应用传播学价值的信念，并将其作为一种学术追求。我还要感谢我的"书、烹饪和罪人"（Book, Cooking, SINners）、"老哥们儿俱乐部"（Old Dudes Clubs）以及"长尾鸡团队"（Team Onagadori）中的朋友和伙伴们，是他们为我雪中送炭，逗我开心、替我解忧。

　　我还要向我最亲的人和所有的家庭成员表示深深的感谢。感谢我的父母和兄弟，你们在我追求梦想的过程中一直鼓励着我，并让我明白，我们必须通过犯错才能学习和成长。感谢我的儿子们，感谢你们的耐心，以及你们给予我的情感和技术支持，多亏了你们，我才不至于在网上胡说八道。

　　我还要感谢我的妻子，感谢你对我一如既往的深爱与鼓励、劝导与建议。你总是毫无怨言地支持着我的写作"爱好"。你不仅提醒我一定要将自己教授的东西付诸实践，尤其是涉及"倾听"这一部分的内容，而且你还提醒我，在锻炼自己沟通能力的过程中，一定要对自己保有足够多的耐心。我对此感激不尽。

　　说到锻炼沟通能力，只要肯花时间、乐于冒险，我们就都能做到最好。当我们的实验不成功时，记得对自己宽容一点。

关于作者

马特·亚伯拉罕斯是传播学领域的权威专家。他是斯坦福大学商学院的组织行为学讲师，教授策略性沟通和有效虚拟演示（effective virtual presenting）等领域的热门课程，并荣获该校的"校友教学奖"。马特还教授斯坦福大学继续教育学院的公开演讲课程，并与其他老师共同讲授即兴演讲课程。

教学之余，马特还有主旨演讲嘉宾、沟通顾问和教练等身份，广受大众喜爱。他曾帮助众多演讲者准备高风险发言，包括首发路演、诺贝尔奖颁奖典礼，以及 TED 和世界经济论坛等场合的演讲。他的在线演讲视频收获了数百万点击量，他还是广受大众喜爱的"脑子快一点、嘴巴巧一点：播客"（*Think Fast, Talk Smart: The Podcast*）的主持人。他的书《不要害怕，畅所欲言：自信发表引人注目演讲的 50 个技巧》（*Speaking Up without Freaking Out: 50 Techniques for Confident and Compelling Presenting*）帮助广大读者克服演讲焦虑，使其表现得自信满满又真实可靠。

为了放松心情和恢复精力，马特喜欢与妻子一道远足，同孩子们一起聊天、看体育比赛，和朋友们共度愉快时光，他还会去空手道道场训练，同时又始终如一地保持着谦逊和低调。